www.lyrik-lesezeichen/schwalbenbuch/

Ernst Toller
Das Schwalbenbuch

Neu herausgegeben und mit
zusätzlichen Materialien versehen
von Hans-Peter Kraus und Werner Schmitt

Illustrationen: Petra Gellinger

Herstellung und Verlag:
BoD - Books on Demand, Norderstedt
ISBN 978-3-7386-2176-1

Inhaltsverzeichnis

Vorausgeschickt

Das Schwalbenbuch von Ernst Toller ist ein besonderes Lese-Erlebnis. Dabei ist es gleich, ob Sie ein Lyrikkenner sind oder sich nie für Lyrik interessiert haben. Der Text ist so vielfältig und menschlich berührend, dass er einen bleibenden Eindruck hinterlässt.

Wir haben *Das Schwalbenbuch* anhand der Originalausgabe aus dem Jahre 1924 als Buch und fürs Internet (www.lyrik-lesezeichen.de/schwalbenbuch/) neu aufbereitet und liefern als Rahmen zusätzliche Texte. Diese sollen Ihnen ermöglichen, sich besser in die Lyrik Tollers einzufühlen.

Es bleibt Ihnen unbenommen, direkt mit der Lektüre des Schwalbenbuchs zu beginnen, aber unser Vorschlag ist, zur Einstimmung erst die Abschnitte „Ernst Toller 1893-1939" und „Der Weg zum Schwalbenbuch" zu lesen.

Um Irritationen zu vermeiden, wurden alle historischen Texte behutsam der aktuellen Rechtschreibung angepasst.

Die Herausgeber Hans-Peter Kraus und Werner Schmitt
Essen/Trier, Januar 2010

Ernst Tollers Schwalbenbuch – eine Einführung

Von Werner Schmitt

> *Ich habe eine stille Liebe zu Tollern. Der Mann hat das, was wir heute alle sagen, in den Jahren 1916 und 1917 gesagt, als das noch Kopf und Kragen kostete; er hat seine Gesinnung auch im Kriege entsprechend betätigt; er hat diese Gesinnung durchgehalten, mit der Tat und mit dem Wort, und er hat für diese seine Gesinnung bezahlt. Und das darf man nie vergessen.*
>
> Kurt Tucholsky in *Die Weltbühne*, 1931

Ernst Toller blickte auf ein durch die große Politik verunstaltetes Leben zurück, als er diesem am 22. Mai 1939 in einem New Yorker Hotel ein Ende setzte. All seiner Habe beraubt, hatte er 1933 vor dem Naziregime ins Exil fliehen müssen.

Der 21-jährige Student war 1914 noch als begeisterter Freiwilliger in den 1. Weltkrieg gezogen, kehrte aus Schützengräben und Lazaretten geläutert zurück und suchte sein Heil sowohl in der Literatur als auch im aktiven Einsatz für eine sozialistische Revolution. Seine führende Stellung in der kurzlebigen bayerischen Räterepublik 1918/19 brachte ihm fünf Jahre Festungshaft ein.

1922 geschah dabei im Gefängnis Niederschönenfeld ein „Wunder": Ein Schwalbenpaar nistete in seiner Zelle. „Was sie ihm schenkten, davon suchte er zu stammeln", schrieb er im Epilog von *Das Schwalbenbuch*, dem daraus gewonnenen und 1924 veröffentlichten Werk.

In Tollers Schaffen kommt ihm eine Ausnahmestellung zu. Weder vorher noch nachher hat er etwas Vergleichbares geschrieben, Lyrik beschäftigte ihn nur sporadisch, so im ebenfalls in der Gefangenschaft entstandenen Sonettenkreis *Gedichte der Gefangenen* (1918-21). Diese ersticken jedoch die unverfälschte Empfindung, die *Das Schwalbenbuch* auszeichnet, mit Formstrenge und altbackenen Formulierungen. Dessen persönliche Authentizität und formale Vielfältigkeit wird bei diesem Vergleich augenfällig.

Ob man es als zyklisches Gedicht, Gedichtezyklus oder lyrisch komprimiertes Erzählen ansieht, ist einerlei. Es verbindet Schilderungen der Gefängniswirklichkeit, Reflektionen, hymnische und elegische Momente; seine Sprachebenen reichen vom liedhaften und schlichten Ton bis zu expressiver Verdichtung und rhetorischem Pathos.

Nach der Niederschrift des Schwalbenbuches 1923 ist Tollers lyrische Produktion völlig erloschen. Sein hauptsächliches Ausdrucksmittel war schon seit Schülerzeiten die Theaterbühne, seine in der Haft 1919-24 entstandenen Stücke (z.B. *Die Wandlung, Masse – Mensch*) erlebten Erfolge und Skandale, ließen ihn zum weltweit meistgespielten deutschsprachigen Autor seiner Zeit werden.

Große Wirkung erzielte er daneben als öffentlicher Redner und Vortragender, wozu ihn weniger Partei-Interessen als das Engagement gegen Krieg und für eine gerechtere Gesellschaft antrieb. Nach seiner Haft wandte er sich vor allem Reisebeschreibungen, Essays, neben dem Theater auch Radio- und Filmprojekten zu und veröffentlichte seine Autobiographie bis zur Entlassung aus der Haft *Eine Jugend in Deutschland*.

Tollers Ruhm als Autor ist verwelkt, sowohl sprachlichästhetisch als auch thematisch blieb er zu sehr seiner Zeit verhaftet. Sein Werk ist jedoch nicht lediglich von historischem Interesse, denn es wird dahinter ein Mensch spürbar, der als linker Intellektueller die volle Härte seiner Epoche erlitt, bis zuletzt aufrecht blieb und sich die menschliche Wärme bewahrte. Und diese ist es, die sich in seinem Schwalbenbuch, das zu seinem am häufigsten übersetzten Werk wurde, am Unmittelbarsten ausdrückt.

Die Wiederentdeckung des Schwalbenbuchs

Von Hans-Peter Kraus

Es begann mit einem Buch: Auf der Suche nach englischsprachiger Lektüre fiel mir *The Penguin Book of First World War Prose* in die Hände. Der Erste Weltkrieg als Literaturthema hatte natürlich auch bei mir durch Erich Maria Remarques *Im Westen nicht Neues* bleibende Spuren hinterlassen. Dieser Sammelband versprach das Bild wesentlich zu erweitern, denn es kamen Autoren aus England, Amerika, Frankreich und Deutschland zu Wort.

Auf deutscher Seite waren neben Ausschnitten aus Remarques Klassiker u.a. dabei Ernst Glaeser (*Jahrgang 1902*), Arnold Zweig (*Der Streit um den Sergeanten Grischa*), Ludwig Renn (*Krieg*) und – Ernst Toller mit seiner Autobiographie *Eine Jugend in Deutschland*.

So seltsam es ist, einen deutschsprachigen Autor in englischer Sprache zu entdecken, passt es zur Geschichte seiner Autobiographie. Zuerst erschien sie 1933 in Amsterdam, als Toller bereits im Exil leben musste. Die englische Übersetzung unter dem Titel *I was a German* folgte innerhalb eines Jahres. Erst nach dem Ende der Nazi-Herrschaft konnte das Buch in Deutschland erscheinen.

Von den Ausschnitten im Penguin-Band zum Ersten Weltkrieg blieb mir besonders das „Erweckungserlebnis" in Erinnerung (siehe unter „Der Weg zum Schwalbenbuch", Text Nr. 5). Neugierig geworden besorgte ich mir die deutschsprachige Fassung von *Eine Jugend in Deutschland*. Die nüchterne Erzählweise, Authentizität und humanistische Haltung Tollers – das alles gefiel mir.

Meine nächste Station war das Rowohlt-Taschenbuch *Ernst Toller – Prosa, Briefe, Dramen, Gedichte*. Und dort fand ich weit hinten im Buch etwas, auf das mich die gesamte vorherige Lektüre nicht vorbereitet hatte: *Das Schwalbenbuch*. Auf 22 Taschenbuchseiten zusammengequetscht präsentierte sich mir eines der großartigsten Stücke deutschsprachiger Lyrik.

Auch wenn manches zeitbedingt etwas überkandidelt wirkte, war das Lyrik, wie ich sie mir wünschte: eine klare Sprache, mitten im Leben stehend, eine nachvollziehbare Gefühlswelt.

Und es war eine zeitlose Geschichte. Hier war jemand gefangen gehalten in einer künstlichen Welt, wie sie sich nur Menschen erschaffen können, der wieder zurückfand zur Natur und zum Leben durch die Natürlichkeit und Vorurteilslosigkeit der Schwalben.

Ein hinterer Platz auf den Seiten eines vergilbten Taschenbuchs konnte nicht der richtige Ort für dieses Werk sein. Obwohl meine Entdeckung Anfang des Jahres 2000 stattfand, tat ich etwas, das eigentlich aus der Zeit vor Gutenberg stammt: Ich schrieb das komplette Schwalbenbuch ab.

Der Transport per E-Mail an Werner Schmitt war wieder zeitgemäß und das Resultat überraschend. Während wir sonst bei Lyrik meistens einer Meinung sind – er seiner, ich meiner –, hier waren wir der gleichen Meinung: *Das Schwalbenbuch* war etwas Besonderes.

Da das Urheberrecht ein Werk erst siebzig Jahre nach dem Tod seines Urhebers freigibt, hieß es nun, knapp zehn Jahre zu warten, um *Das Schwalbenbuch* wieder an die Öffentlichkeit zu bringen.

Zehn Jahre. Auch wenn es in dieser Zeit nie in Vergessenheit geriet, waren die gemeinsamen Projekte mit Werner Schmitt nicht davon beeinflusst, brachten uns aber der Möglichkeit näher, das Buch neu herauszubringen.

Wir bauten eine sehr erfolgreiche Lyrik-Website auf, die es uns erlaubte, ein Projekt zu verwirklichen, bei dem das Verhältnis zwischen Aufwand und Ertrag kein Kriterium sein musste. Wir gaben ein Buch heraus, das auf unserer Website beruhte und sammelten so erste Erfahrungen im Bücherproduzieren. Und dann im Jahr 2009 waren wir so weit, dass wir *Das Schwalbenbuch* in Angriff nehmen konnten, um es rechtzeitig 2010 fertig zu haben.

Nun ist es da und wartet auf *Ihre* Wiederentdeckung.

Das Schwalbenbuch

Gewachsen 1922 · Geschrieben 1923
Festungsgefängnis
Niederschönenfeld

In meiner Zelle
nisteten im Jahre 1922
zwei Schwalben

Ein Freund starb in der Nacht.[1]
Allein.
Die Gitter hielten Totenwacht.

Bald kommt der Herbst.

Es brennt, es brennt ein tiefes Weh.

Verlassenheit.

O dumpfer Sang unendlicher Monotonie!
O ewiges Einerlei farblos zerrinnender Tage!
Immer
Wird ein Tag sein
Wie der letzte,
Wie der nächste,
Immer.

Zeit ist ein grauer Nebel. Der setzte sich in die Poren Deiner
                              unendlichen Sehnsucht.

Das Stückchen blauer Himmel ist gespießt von rostigen
                                        Eisenstäben,
Die aus dem Gitterloch Deiner Zelle aufbrachen,
Auf Dich zuwanderten
Zu
Wanderten
Zu
Wanderten ...
Erst wehrtest Du Dich,
Aber die Gitterstäbe waren stärker als Du.
Nun wachsen sie in Deinen Augen,
Und wohin Du blickst,
Überall
Überall siehst Du Gitterstäbe.[2]
Noch das Kind, das im fernen, ach so fernen lupinenblühenden
                                        Feld spielt,
Ist gezwängt in die Gitterstäbe Deiner Augen.
Oh -

Deine Nächte, Deine Traumnächte verzweifelte Harlekinaden.[3]

Deine Nägel kratzen am Sargdeckel tauber Verlassenheit.
Nirgends blüht das Wunder.

Musik ist

Wälder sind

Frauen sind

      Es blüht irgendwo die Gebärde eines sanft
      sich biegenden Nackens
      Es wartet irgendwo eine Hand, die sehr
      zärtlich ist und voll süßester Wärme

      Nirgends   blüht   das   Wunder.

Kalt wurde das Buch in meiner Hand,
So kalt, so kalt.
Die schwarzen Lettern schwarze Berge, die zu wandern
                              begannen im Geäder meines Herzens.
Die raschelnden Blätter Schneefelder am Nordpol endloser
                                                    Ohnmacht.

Ich friere.
Die Welt gerinnt.
Es muss schön sein einzuschlafen jetzt,
Kristall zu werden im zeitlosen Eismeer des Schweigens.
Genosse Tod.
Genosse, Genosse ...

Zirizi Zirizi Zirizi
Zizizi
Urrr

Dass man, nahe der dunklen Schwelle,
Solche Melodie vernimmt, so irdischen Jubels, so irdischer
                                        Klage trunken ...
Träume, meine Seele, träume,
Lerne träumen den Traum der Ewigkeit.
Zirizi Zirizi Zirizi
Zizizi
Urrr

Fort fort, Genosse Tod, fort fort,
Ein andermal, später, viel später.

Über mir   über mir,
Auf dem Holzrahmen des halbgeöffneten Gitterfensters,
  das in meine Zelle sich neigt in erstarrter
  Steife, so als ob es sich betrunken hätte
  und im Torkeln gebannt ward von einem
  hypnotischen Blick,
Sitzt
Ein
Schwalbenpärchen.
Sitzt
Wiegt sich! wiegt sich!
Tanzt! tanzt! tanzt!

Weichet zurück Ihr schwarzen Berge! schmelzet Ihr Schnee-
              felder!
Sonne Sonne, zerglühe sie! zerglühe sie!

Mütterliche!

Welche Landschaft wächst aus den verstaubten
       melancholischen Zellenecken?
Tropische Felder, Farbenrausch sich entfaltender Orchideen!
Regina Noctis![4] –

Und darüber   darüber
Mein Schwalbenpaar.

Das Wunder ist da!
Das Wunder!
Das Wunder!

Tanze meine atmende Brust,
Tanzet Ihr wunden geketteten Augen,
Tanzet! Tanzet!
Nur im Tanze brecht Ihr die Fessel,
Nur im Tanze umrauscht Ihr die Sterne,
Nur im Tanze ruht ihr im Göttlichen,
Tanzet! Tanzet!

Im Tanze träumt das heilige Lied der Welt.

Von den Ufern des Senegal,⁵ vom See Omandaba
Kommt Ihr, meine Schwalben,
Von Afrikas heiliger Landschaft.
Was trieb Euch zum kalten April des kalten Deutschland?
Auf den griechischen Inseln habt Ihr gerastet,
Sangen nicht heitere Kinder Euch heiteren Gruß?
Warum nicht bautet Ihr Tempel in des Archipelagos⁶
Ehrwürdigen Locken?

Zu welchem Schicksal kamet Ihr?

O unser Frühling
Ist nicht mehr Hölderlins Frühling,⁷
Deutschlands Frühling ward wie sein Winter,
Frostig und trübe
Und bar der wärmenden
Liebe.

Den Dichtern gleichet Ihr, meine Schwalben.⁸

Leidend am Menschen, lieben sie ihn mit nie erlöschender
Inbrunst,
Sie, die den Sternen, den Steinen, den Stürmen tiefer verbrüdert
sind als jeglicher Menschheit.

Den Dichtern gleichet Ihr, meine Schwalben.

Wo soll ich Euch eine Stätte bereiten, Vögel der Freiheit?
Ich bin ein Gefangener, und mein Wille ist nicht mein Wille.
Sing ich ein Lied der Freiheit, meldet der Wächter:
Der Gefangene sang ein revolutionäres Lied.
Das dulden die Paragraphen nicht.
Mächtige Herren sind die Paragraphen, die die Menschen über
    sich setzten, weil sie den Sinn[9] verloren. Ruten tragen sie in
    Händen. Die Menschen sagen: Ruten der Gerechtigkeit.
Dieses Hauses Ruten heißen: Einzelhaft   Bettentzug
    Kostentzug   Hofverbot   Schreibverbot   Sprechverbot
    Singverbot Leseverbot Lichtverbot Zwangsjacke.[10]

Ihr, meine Schwalben, wisst nichts von Gerechtigkeit und
    nichts von Ungerechtigkeit. Darum wisst Ihr auch nichts von
    Paragraphen und von Ruten ...

Wie soll ich Euch ein Brettchen holen?
Wohl ist das Haus, das mir die Menschen als Wohnung wiesen,
    bajonettbehütet und stacheldrahtumwehrt. Wohl hallen Tag
    und Nacht die Höfe von des Wächters ruhelosen Schritten.
    Aber die Rutenträger sagen, ein Stückchen Holz sei gefähr-
    lich.
Gefährlich der Ordnung und Ruhe und Sicherheit des Hauses.

Hilfreicher Freund!
Ein Stück Pappe halfest Du mir über die Zellentür fugen.

O bleibt Gefährten mir, Schwalben!

Die lockende Bucht umflattern
Ängstlich die Schwalben.
Eine berührt sie.
Das Männchen!
Schon kenn ichs
Am länger sich pfeilenden
Schwanz, am roten
Spitzigen Brustmal.
Jäh erschrickt es.
Fliegt davon.
Das Weibchen schrill schreiend
Mit ihm.

Ahntet Ihr,
Wohin ich Euch locken wollte?

Ach wer sollte freiwillig
Einkehren in eine
Gefangenenzelle?

Sechs Schritte hin
Sechs Schritte her

Ohne Sinn

Ohne Sinn

Die Schwalben sind zurückgekehrt.

Sie bleiben! Sie bleiben!

Nach Osten blickt meine Zelle.[11]

Nach Osten!

O Europa, wie arm Du bist!
Die Tiere Deiner Häuser sind wie Deine Menschen,
Geduckt und hässlich, verkrüppelt und verschnitten.
O ihre traurigen Augen!
Wo Du sie krönst, krönst Du Rekorde.
Wie Du Deiner Menschen Rekorde krönst -

Und nicht ihr Leben! Und nicht ihr Leben!

Wann wachsen sie ihr Leben?
Wann?
Sie übergeben es einem Götzen, der eine Uniformmütze trägt,
der ordnet es, katalogisiert es, befiehlt Pflichten, schreibt
Geburtsscheine, Militärscheine, Trauscheine, Sterbescheine,
setzt ein Kreuz hinter ihre abgespulten Namen, trägt den
vollgeschriebenen Registerband in die Registratur, So muss
es sein, So dienst Du Gott, In Ewigkeit, Amen.

Brecht auf Ihr Völker des Orients und verkündet die seligen Hymnen Eurer Gebenedeiten Muße!!!

Ein Tier aber lebt in Euren Häusern, Ihr Menschen Europas, das
ließ sich nicht zähmen und züchten,

Das ließ sich nicht fangen von Eurer süßlichen Lockung und
   Eurer herrischen Drohung,
Das blieb
Frei!
Frei!
Frei!

Kommt zu mir dem zwiefach Gefangenen:
   Gefangener eingekerkert von Gefangenen ...

In dieser Nacht
Schlief das Schwalbenpärchen in meiner Zelle.

Baumeister gotischer Kathedrale,
Zügle den Stolz!
Quadern brauchtest Du und kunstvoll gemeißelte Steine,
Pfeiler, Pilaster, Rosetten und farbige Scheiben,
Mörtel war Dir
Das Elend der Menge, das billig sich feilbot,
Weihtest Dein Werk
Dem Jenseits,
Dem Tode.

Siehe die Schwalben:

Aus Schmutz, aus Schlamm, aus Halmen, aus Haaren der Pferde
Bauen sie fromm ihr edel gewölbtes Nest,
Weihens
Der Erde,
Dem Leben.

Am Morgen, wenn der Wächter kommt,
Schreck ich zusammen.
Entdeckt er das Nest,
Reißt ers mit harter Gebärde zu Boden.

O im vorigen Sommer der Kriegszug auf junges Getier!
Gegen Dachrinnen, Firste marschierte man im Sturm.
Als ich zum Hof ging,
Ging ich über ein Schlachtfeld.

Hilflos kreisend die klagenden Mütter.

Paragraph X: Es widerspricht dem Strafvollzug, Vögel zu
    dulden im Hause der Buße.

         Menschen   Menschen

Ich sah Schmetterlinge spielen
Im sonnenflirrenden Mittag.

Wo aber,
Wenn die Sonne sinkt,
Wenn Nachtstürme
Über die Erde rauschen
Mit schwarzem Gefieder,
Wo, lieblichste Kinder der göttlichen Mutter,
Schlafet Ihr dann?

Ich glaube,
Es öffnen sich Euch
Die Kelche der Blumen,
Ich glaube,
Es wiegt Euch zur Ruhe
Der Blütenklang im Dom der Kastanien.

Im Nest,
Gebettet in weiße daunige Federn,
Liegen
Fünf braungesprenkelte Eier.

Fünf festliche Tempel keimenden Lebens.

Die Menschenmütter,
Ach sie sind nicht mehr
Festliche Tempel keimenden Lebens.

In meiner Mutter Hände[12]
Kerben sich Runzeln.
Als sie mich trug,
War ihr Blut
Beschattet von täglicher Not.
Träumend
Wuchs ich
Im Dunkel des wärmenden Schoßes ...
Meine Milch Schwermut.
Mein Herzschlag Trauer.

Das Lied in Moll
Wahre der Mensch
Im hymnischen Chor der Welt.

Weißt Du, wie eine Schwalbe fliegt?

Ich sah
Im Kriege Gefangene wandern
Durch klagende Täler zerschossener Dörfer.
Den Reihen der Gaffenden
Entkrümmte sich
Ein Weib.
Hände gekrampft lösten sich,
Stiegen steil in Äther schwärzlichen Himmels,
Stiegen! Stiegen!
Schwebten!
Jauchzten!
Und einer Stimme seraphischer[13] Jubel:
André!!!

Aber es war nicht wie der Flug einer Schwalbe.

Ich sah
Im Gefängnis gefesselte Menschen
Schlafend ...
Träumend ...
O Antlitz sternenstrahlend!
Gefesselte Menschen
Träumend!
Du seliger Sieger Traum!!!

Aber es war nicht wie der Flug einer Schwalbe.
Der Schwalbe Flug - wie Unnennbares nennen?
Der Schwalbe Flug - wie Unbildbares bilden?
Lebte ein Gott,
Sein Zorn:
Der Schwalbe schnellendes Pfeilen,
Sein Lächeln:
Der Schwalbe innigweises Spiel,
Seine Liebe:
Der Schwalbe trunknes Sichverschenken.

Europa preist seine Äroplane,[14]
Ich aber, ich Nummer 44,
Will mit den schweigenden Akkorden meines Herzens
Den Flug der Schwalbe preisen.

Wer preist mit mir den Flug der Schwalbe?
Alle lade ich ein!
Wer kommt?

Ein ältliches Mädchen.
Ein buckliges Kind.
Ein Narr.

O lächerliche Trinität[15] menschlicher Güte!

Wir preisen!   Amen.
Wir singen!   Amen.
Wir beten an!   Amen.

Wir preisen den Flug der Schwalbe,
Aber so heißt ihres Fluges Offenbarung:

Das Tier ist heiliger als der Mensch.   Amen.
Die Blume heiliger als das Tier.   Amen.
Erde heiliger als die Blume.   Amen.
Aber am heiligsten der Stein.   Sela.[16] Sela. Sela.

Morgens putzt sich das Schwalbenmännchen
Mit feiner Grazie
Sein bläulich blitzendes Gefieder.
Immer ist die Schwälbin unzufrieden,
Schilt ihn, zankt ihn, plappert, poltert
Ein scheckiges Kauderwelsch.
Würdig beendet das Männchen
Seine Morgenfrisur,
Antwortet kaum den keifenden Lauten.
Dann - heidi!
Fliegts in die tauigen Himmel.
Aber nicht lange,
Sitzts auf dem Fensterrahmen,
Zwitschert der brütenden Gattin
Ein fröhliches Morgenkonzert.
Zirizi, Zirizi,
Zizizi,
Urrr.

Ich stehe am nächtlichen Gitterfenster.

Träumend zwitschert die Schwälbin.
Geweckt vom liebenden Ruf
Regt sich leise das Schwalbenmännchen.

Ich bin nicht allein.

Auch Mond und Sterne sind mir Gefährten
Und die schimmernden schweigenden Felder.

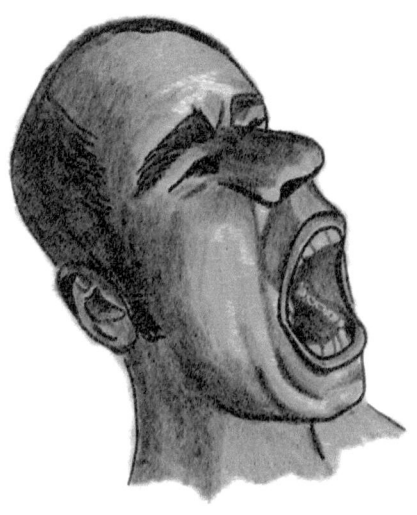

Menschen wie arm Eure Feste!
Jazztänze schrill von verruchter Zeit!
Eure Lebensangst
Ankurbelt die Autos der Selbstflucht,
Illuminiert
Die Seele
Mit Lampions elektrischer Gier
Und wähnt:
Sie sei geborgen.

Aber sie ist nicht geborgen

All Euer Lärm, Euer Gekreisch, Euer Gekrächz,
   Euer Freudeplakatieren, Lustigsindwir:
   Hahaha -
Übertönt nicht

Das leise kratzende
Nagen
Die drei heimlichen Ratten
Leere   Furcht   Verlassenheit

Aber schon schaue ich Dich,
Gewandelte Jugend der Revolution.

Deine Tat: Zeugung.
Deine Stille: Empfängnis.
Dein Fest: Geburt.

Opfernd
Im todnahen Kampfe heroischer Fahne,
Schreitend
Im reifenden Felde träumenden Frühlings,
Jauchzend
Im bindenden Tanze gelöster Leiber,
Ahnend
Im magischen Schweigen gestirnter Nacht.

Schon schaue ich Dich,
Gewandelte Jugend der Revolution.

Ihr meine brüderlichen, Ihr meine tapferen Schwalben!
Auf dem Hofe steh ich.
In morgendlichen Lüften segelt, spreitend die mächtigen
Flügel mit Würde, ein Sperber.
Ich höre gelle Schreie spielender Schwalben.
Von allen Seiten antworten Rufe.
Scharen von Schwalben fliegen herbei.
Wer gab das Angriffssignal?
In gepfeilter Wucht stürzen sie auf den königlichen Vogel,
Der in seinen Fängen einen jungen Sperling krallt.
Ihr meine brüderlichen, Ihr meine tapferen Schwalben!
Doch welch ungleicher Kampf!
Gelassen, mit bewegterem Flügelschlag, wehrt der Angegriffene.
Kaum achtet er der winzigen Verfolger.
Armer Sperling!
Immer wieder greifen die Schwalben den Räuber an.
Bedrängen ihn mit feuriger Leidenschaft.
Schon werden seine Flügelschläge hastiger, unbeherrschter ...
Die Schwachen haben den Starken besiegt!!
Zornigen Schreis, bezwungen von verbündeter Kraft, öffnet der
                              Sperber die kerkernden Fänge.
Zitternd entflattert der betäubte Spatz.
In seligen Flügen feiern die Schwalben den Sieg der
                              Gemeinschaft.

Wann endlich, Tiere, bündet Ihr Euch
Zum Bunde wider die Menschheit?
Ich, ein Mensch,
Rufe Euch auf!
Euch Nachtigallen, geblendet mit glühender Nadel,
Euch Hammel, gewürgt in Kasematten vergaster
                                    Übungsschiffe,
Euch Esel, sanfteste Tiere, zusammenbrechend unter
                                    Peitschenhieben,
Euch Strauße, zuckenden Atems gerupft und fühlenden
                                    Herzens,
Euch Pferde, sonnenlos werkend in verpesteten Schächten,
Euch Bären, dressiert auf glühender Eisenmatte,
Euch Löwen, gezähmt im Zirkus von stählerner Knute,
Euch Alle   Euch Alle
Rufe ich auf!
Erwachet!

Rächen wollen wir
Die Opfer des Menschen:
Tiere für Gaumenkitzel atmend gefoltert,
Tiere für Modelaunen lachend geschunden,
Tiere berauschten Arenen eitel geopfert,
Tiere in Kriegen sinnlos zerfetzt ...

Ich will mich an Eure Spitze stellen,
Ich, ein Renegat[17] der Menschheit,
Will Euch führen gegen den einen Feind
Mensch.

Tiere der Wüste: Brüllet Alarm!
Tiere des Dschungels: Heulet Sturm!

Keine Unterscheidung lassen wir gelten.
Weiße und Schwarze, Gelbe und Braune,
Alle alle Erdschänder! Muttermörder! Sternenräuber!

Auf dem gebuckelten Nestrand
Sitzt die Schwälbin.
Schaut mit ernsten, erwartenden Augen
(Wie wenig kennen die Menschen
Eure Augen, Tiere!)
Auf die heilige Stätte der Wandlung.
Ab und zu
Klopft sie mit knackendem Schnabel
An kalkumpanzerte Welten
Trächtigen Lebens.
Lauschend verweilt sie

Unsäglich zärtlicher Laut!
Eilig fliegt das Männchen herbei,
Aufgeregt, geschäftig, betriebsam
Umkreist es plaudernd das Nest.
Gleich in schelmischer Freude
Wehrt die Schwälbin
Dem forschenden Flug.
Endlich hält sie inne.
Sehr sanft wird ihr Blick,
Sehr weich und gelöst
Ihre Gebärde.

Und das Schwalbenmännchen
Erschaut
Sich,

Sich in fünf winzigen
Blinden, atmenden
Gesichten.

Lasst mich teilnehmen
An Eurer Beglückung,
Gefährten.
Pate will ich den fünfen sein,
Mitsorgender, helfender Schützer.

Ich gratuliere! Ich gratuliere!

Schwälbchen, der Morgen, der Morgen ist da!
Nachts hat Mutter Euch Märchen gezwitschert,
Jetzt sucht sie Brot zum Schnäbleinstopfen,
Schwälbchen, der Morgen, der Morgen ist da.

Schwälbchen, der Morgen, der Morgen ist da!
Sonne pocht an und will Euch begrüßen,
Öffnet die braunen Guckäuglein,
Schwälbchen, der Morgen, der Morgen ist da.

Schwälbchen, der Morgen, der Morgen ist da!
Bald seid Ihr groß, dann werdet Ihr fliegen
Fort übers Meer zu den Negerlein,[18]
Schwälbchen, der Morgen, der Morgen ist da.

Graue seidene Härchen
Wachsen in komischen Büscheln
Aus rosigen Leibern.
Aufgespießt auf einem dünnen
Überlangen Hals
Der Kopf ...
Reißt eins das gelbe Schnäbelchen auf,
Bleckt
Ein lächerlich wütender Rachen.

Immer bleibt das Nest sauber.
Liegt darin ein weißes Würstchen
Mit schwarzem geringeltem Schwänzchen,
Wirds von den Eltern gepackt
Und hinausgetragen.

Eifrig füttern sie
Das junge Getier.
Erst wird das Futter
Im Kropf erweicht,
Mit Speichel zart bearbeitet,
Dann in die hungrigen Mäuler gestopft.
Hat der Vater
Das Junge zur Rechten gefüttert,
Füttert die Mutter
Das Junge zur Linken.
Geheimes Gesetz
Waltet.

Wie ein Kind, das am Bilde sich freut, am Spiele
Holderer Wesen,
Sah ich Dir zu.
Nun seh ich ein wissender Mensch.

Was trägst Du,
Gewürgt vom krallenden Schnabel,
Den hungrigen Jungen herbei?
Ein Tierchen gleich Dir,
Deine kleine Schwester Fliege.
Verkettet auch Du der Urschuld des Lebens!
Weh uns!
Was lebt, mordet.

Ich will Dich lieben mit tieferer Liebe,
Da ich weiß, was Schicksal Dich tun heißt.

Es ist ein Fluch der Erde,
Nirgends
Atmet das Lebendige
In göttlicher Unschuld.
Und noch das Tote
Muss töten.

Ei, Schwälbchen,
Was Du nicht kannst!

Zaghaft und mutig doch
Steigt eins
Auf die Borden des Nestes,
Hebt zierlich sein Schwänzchen ...
Klacks!
Hats sein Werk vollbracht,
Putzt sich
Den kleinen Popo
Mit gesträubten Flügeln,
Und eilig, erhobenen Kopfes,
Stolz wie ein Russenzar
Kriechts in sein Nest zurück.

Sah schreiten ein Mädchen
Im Weizenfeld.
Leuchtet ihr rotes Tuch,
Rotes Tuch, rotes Tuch
Oder ihr Herz

Sang fern eine Drossel
Im Fliederbusch.
Klang wie ein Liebeslied,
Liebeslied, Liebeslied
Oder auch Spott

Ein Sommer noch,
Zwei Sommer noch,[19]
Trallalala, Trallalala

Drohte Gefahr, klagen würde die Schwälbin
Mit schrillem Pfeifen
Den Winden ihre dumpfe Angst.
Vom Fenster zum Nest, vom Nest zum Fenster
Fliegt sie gelassen.
Im Neste hocken,
Eins sich kauernd ans andere,

Die Jungen.
Über den Nestrand
Lugen die Köpfe,
Beugen sich vor, ducken zurück, wiegen sich rhythmisch
Im Takte mütterlichen Flugs.
Streichen der Schwälbin Flügel
Das wärmende Nest,
Recken sie schreiende Schnäbel,
Zärtlicher Wartung gewöhnt.
Aber gleich in ernstem Besinnen
Verstummen sie,
Und in kindlichen Augen wird wach
Ein seltsames Leuchten.

Lockende Laute zwitschert die Schwälbin,
Verweilend.

    O köstliches Wunder!
    Krabbelt ein Junges hervor,
    Spreitet die winzigen Flügel ...
    Erhebt sich ...
    Fliegt,
    Fliegt
    Schwankend und dennoch voll Anmut,
    Leiht seiner Angst
    Die zierliche Geste edler Gesittung,
    Setzt sich, klopfenden Herzens,
    Neben die glückliche Mutter.

    Mit Lob und leckeren Bissen
    Verwöhnen die Eltern
    Das mutige Junge.

    Die im Neste
    Erheben Geschimpf und Geschelt.

Auf den nahen Dachfirst fliegt das tapfere Junge.
Neugierig beguckts die Welt.
Beguckt zum erstenmal die Welt.
Freunde, ich sehe mit ihm zum erstenmal die Welt.
Da sitzt mein Schwälbchen. Über sich die leuchtende,
Wärmende Sonne, unter sich die blühende, atmende Erde.
Die Blumen, die Bäume, die Dachziegel,
Die fernen Wälder, die Telegraphendrähte,
Alle alle beugten grüßend
Die schweigenden Häupter.

Es rauschen die reifenden Ähren
Auch mir dem Gefangnen.
Es wölbt sich des Sommers blauender Himmel
Auch diesem gestorbenen Hof.

Ich atme
Im Mittag süßer Beglückung.

Erde! Geliebte!

Vom mutigen Jungen lernen die Geschwister.
Wie es mit schöner Geduld ihnen hilft!

Und noch ein paar Tage später tummeln sich
Draußen Alte und Junge.

In heiteren Spielen lernen die Jungen des Fluges
Festliche Kunst ...

Abends kehrten sie nicht mehr heim.

Lausche ich Euch, Schwalben,
Lächle ich meines werkenden Tuns.

Die Menschen Mitte des Weltalls?
Warum nicht die Schwalbe!
Erhebet doch, erhebet doch
Die Schwalbe
Auf den Thron des siebenten Tages.[20]

Um des Menschen willen
Habt Ihr Menschen gemordet,
Um der Schwalbe willen,
Vielleicht, dass ihr den Menschen findet.
Und mehr als den Menschen.

Lausche ich Euch, Schwalben,
Lächle ich meines werkenden Tuns.
Lächle auch Du, Freund.

Und wieder richten die Schwalben das Nest.

Und wieder Tage werbender Liebe, trunkener Erfüllung.

Und wieder ward mir friedliche Beglückung.

Aber draußen kämpfen die Brüder ...[21]

Vier Junge, blind noch, zittern im Nest.
Immer seltener kehren die Eltern heim.
Not! Not!
Keine Nahrung für die Jungen in der Erloschenheit
Nebliger Tage.
Not! Not!
Am Abend schmiegen sich nackte Leiberchen
An die mütterliche Brust, so hilflos vertrauend,
Als schmiegten sich Sterbende ans Herz
Inbrünstig geträumter Gottheit.
Die Schwälbin weinte.

Mensch, sahest Du je ein Tier weinen?

Frost kam über Nacht
In einem Leichenmantel.

Am Morgen bin ich aufgewacht.
    Das Nest war leer ...
    Mein Herz war leer ...

O liebe kleine Schwälbchen

Die Schwalbeneltern trauern um ihre Jungen.
In einer sehr wehen Nähe kauern sie auf dem Draht, der sich
über meinen Tisch spannt.
Eines schenkt dem andern die Wärme seines Blutes.
Anders trauert Ihr, meine Schwalben, als Menschen trauern.
Eure Klage: ein frierendes Erschauern vor dem Hauche der
Unendlichkeit.
Mit Euch trauert der dämmernde Abend.
Mit Euch trauern die Dinge meiner Zelle.

Erhabenes Schweigen

Nicht trage
In Nächten der Verfinsterung
Sehnsucht
Nach Menschen.
Fürchte das Wort, das erwürgt!

Wahrlich,
Erst wen Du nennst,
Stirbt Deiner Seele ganz.

Schon wehen herbstliche Stürme
Über die schwäbischen Felder,
Taumeln in Lüften
Heimatlose Blätter.
Aus sumpfigen Moosen der Donau
Steigen die Nebel,
Brauend
Den fahlen Mantel
Unendlicher Totenklage.

Zum Winterflug
Sammeln sich die Schwalben.

Zur Winterstille
Sammelt sich mein Herz.

Ein letztes Mal noch höre ich der Schwalben Lied:

Unter Myriaden Häusern werden wir im Frühling
dieses graue Hafthaus finden
Unter Myriaden Zellen werden wir im Frühling
Deine Zelle finden

Nun habt Ihr mich verlassen, liebste Gefährten Ihr meiner Haft.
Wie war die Zelle warm von Eurer flirrenden Melodie, vom
    Atem Eurer Körperchen, von den tönenden Ellipsen Eures
    stürzenden Fluges.
Ihr kosmischen Gefährten meines Sommers,
Geliebteste Ihr,
Fernste,
Nächste,
In demütiger Dankbarkeit
Denke ich Eurer schenkenden Liebe.

Tierchen nennen die Menschen Euch,
Und es schwingt ein Überhebliches in ihrer Stimme, wenn sie
    Tierchen sagen.
O über ihre Torheit!
Ich habe gelernt andächtig zu werden vor Eurem
    unnennbaren Tiersein.

Bevor nicht die Menschen wiederfinden den Grund ihrer
    Tierheit,
Bevor sie nicht sind
Sind
Wird ihr Kampf nur wert sein
Neuen Kampfes,
Und noch ihre heiligste Wandlung
Wird wert sein neuer Wandlung.

Epilog

Die zweite Auflage des Schwalbenbuchs enthielt einen Epilog, den wir hier nach dem Wortlaut der Ausgabe von 1927 veröffentlichen. Etwas ausführlicher werden die in diesem Text zum Teil nur angerissenen Ereignisse in *Eine Jugend in Deutschland* geschildert. Deshalb folgt diese Version zum Vergleich.

Einen Sommer lang lebten Schwalben in eines Gefangenen Zelle. Es war Gnade für ihn. Was sie ihm schenkten, davon suchte er zu stammeln. Der Festungsverwaltung gefiel nicht, was er schrieb. Sie befahl, dass der Gefangene seine Zelle, die dem Osten ihr vergittertes Fenster zukehrte, verlasse, und wies ihm fürsorglich und mit väterlichem Bedacht eine andere an, die von Norden ihr kümmerliches Licht empfing und keiner Schwalbe Heim werden konnte.

Im nächsten Frühling, im Monat April, kamen die Schwalben wieder. Kamen von irgendwo, aus Urwaldlandschaft und Sonnentraum, in das Geviert kahler, nordischer Zelle. Sie fanden einen neuen Insassen und waren bereit, auch diesem zu sein, was sie dem früheren gewesen.

Kam eines Tages das Buch ins Haus, das der erste geformt und über die Mauer, unerreichbar für die Fanghand der Wächter, geworfen hatte. Einige Stunden später polterten Aufseher in die Zelle, rissen „befehlsgemäß" das fast vollendete Nest mit gleichgültig roher Gebärde herunter.

Wie erschraken die Schwalben, als sie ihre kleine Wohnung nicht mehr sahen! Mit ihren Schnäbeln zogen sie suchend den Halbkreis des Nestgrundes, flatterten ängstlich umher, lugten in alle Winkel der Zelle, fanden nichts.

Schon am nächsten Tag begannen sie wieder zu bauen.

Und wieder zerstörten die Wächter das Nest.

Der Gefangene, Maurer in einem bayerischen Dorf, schrieb am 18. Mai 1924 diesen Brief:

Herr Festungsvorstand!

Ich bitte den Herrn Festungsvorstand, den so schwer geprüften, geduldigen und überaus nützlichen und fleißigen Tierchen ihr so hart und schwer erkämpftes Nestchen belassen zu wollen. Ich erkläre, dass dieselben mich nicht im Geringsten stören und auch nichts beschädigen. Erwähnen möchte ich noch, dass in verschiedenen Gefängnissen Schwalbennester sich befinden und dieselben bei schwerer Strafe nicht zerstört werden dürfen.

Hochachtungsvoll

Rupert Enzinger aus Kolbermoor

Am 21. Mai gab der Festungsvorstand Hoffmann den lakonischen Bescheid: „Schwalben sollen im Stall bauen. Da ist Platz genug."

Das Nest, das inzwischen sich rundete, verfiel dem Spruch. Dem Gefangenen aber wurde eine Zelle gen Norden gewiesen, die andere verschloss man.

Verwirrt, leidenschaftlich erregt, fingen die Schwalben gleichzeitig in drei Zellen zu bauen an. Halb waren die Nester geschichtet, doch Wächter entdeckten sie, und das Grausame geschah.

In sechs Zellen baute das Paar. Wer kann wissen, was sie trieb! Vielleicht Hoffnung, dass die Menschen ihnen *ein* Nest gewähren aus Einsicht und ein wenig Güte.

Die sechs Nester wurden weggefegt.

Ich weiß nicht, wievielmal Aufbau und Zerstörung einander folgten.

Sieben Wochen dauerte der Kampf schon, heldenhafter, ruhmreicher Kampf bayerischer Rechtsbeschützer wider den Geist tierischer Auflehnung. Ein paar Tage bauten die Schwalben nicht mehr, sie hatten verzichtet.

Leise sprach es sich von Gefangenem zu Gefangenem: „Sie haben im Waschraum zwischen den Abflussröhren eine Stelle gefunden, wo keiner sie entdecken kann, nicht der Späheblick des Wächters, der von draußen die Gitter abtastet, nicht der Späheblick des Wächters, der von drinnen Verbotenem nachspürt." Selten lebte reinere Freude im Zellengang. So waren die Schwalben doch Sieger geblieben im Kampf mit menschlicher Bosheit. Jeder Gefangene fühlte sich Sieger mit ihnen.

Doch die lauschenden Wächter … An einem Morgen starrte der Waschraum leblos und leer.

Nicht mehr bauten die Schwalben. Abends flogen sie in eine Zelle, nächtigten dort, eng aneinander geschmiegt, auf dem Leitungsdraht, flogen in der Frühe davon. Bald kam das Schwalbenmännchen allein. Die Schwälbin war gestorben, wohl weil die Menschen ihr wehrten, fruchtschwere Eier zu bergen.

Die Version der Ereignisse aus
Eine Jugend in Deutschland

Ein Schwalbenpärchen hat sich in meiner Zelle eingenistet. Einen Sommer lang lebt es bei mir. Es baut ein Nest, die Schwälbin brütet, das Männchen unterhält sie mit trillerndem Lied. Junge entschlüpfen, die Eltern füttern sie, lehren sie fliegen, eines Tages kehren sie nicht mehr zurück. Wieder ziehen die Alten Junge auf, aber der Frost, der vorzeitig den Sommer überfällt, tötet sie, stumm aneinander geschmiegt trauern die Eltern um die gestorbenen Kinder. Im Herbst ziehen sie davon in südliche Länder. Unendlich beschenkt mich dieser Sommer. Die scheuen Tierchen haben sich so an mich gewöhnt, dass sie, wenn ich am Tisch arbeite, auf die Lampe sich setzen und miteinander zwitschern und spielen. Ich bin still und glücklich und dankbar.

Was ich gesehen und beobachtet, gefühlt und gedacht, schreibe ich nieder in einem kleinen Buch. Ich nenne es *Das Schwalbenbuch*. Es ist wahrhaftig ein ungefährliches Buch, aber der Staatsanwalt beschlagnahmt das Manuskript. Seine Verbreitung, schreibt er im hässlichen Stil der behördlichen Sprache, würde dem Strafvollzug Nachteile bereiten, das Buch enthalte agitatorische Stellen in solcher Häufung, dass es als Hetze wirke.

Ich beschwere mich beim deutschen Reichstag. Ich schreibe:

Ich habe nie um Gnade für mich gebeten. Ich will auch heute keine Gnade von Ihnen. Ich erwarte, dass Sie mir zu dem Recht verhelfen, dass ich als politischer „Ehrenhäftling" beanspruchen darf. Unter dem barbarischen Regime der Zarenknute war es in Russland eingekerkerten Schriftstellern möglich, sich die Freiheit des Geistes zu retten. Im Freistaat Bayern wird, im Jahre 1923, die Freiheit des Geistes als Verbrechen geahndet.

Ich habe geschwiegen, als der Festungsvorstand mir vor einigen Monaten in gesetzwidriger Weise verbot, mit einer Verwandten, die Ärztin ist, und die mich besuchte, über meinen Gesundheitszustand zu sprechen.

Ich habe, aus dem Gefühl der Verachtung, bei Vorfällen geschwiegen, die ebenso eindeutig das vollkommene Fehlen jeder Rechtsnorm im Strafvollzug für bayerische sozialistische Gefangene dartun.

Ich habe, aus dem Gefühl der Verachtung, geschwiegen, als bayerische Behörden von der Tribüne des Landtags herab und in der Presse mich, den Wehrlosen, mit Schmutz bewarfen.

Ich habe, aus dem Gefühl der Verachtung, geschwiegen, als die Festungsverwaltung durch Beschlagnahme der Zeitungen verhinderte, dass ich wenigstens vom genauen Inhalt der Anwürfe Kenntnis bekäme.

Ich habe mich darauf beschränkt, die unzähligen Eingaben zu unterstützen, die von den Festungsgefangenen bei den verschiedenen Landes- und Reichsstellen eingereicht wurden.

Einmal allerdings schwieg ich nicht: als ich nach dem entsetzlichen Tod August Hagemeisters den Anstaltsarzt beim Ersten Staatsanwalt in Neuburg wegen fahrlässiger Tötung anzeigte. Damals musste ich erkennen, dass es für den sozialistischen Gefangenen in Bayern kein geschriebenes Recht gibt. Ich als Anzeigender wurde nicht einmal vernommen.

Heute wende ich mich an den Deutschen Reichstag.

Wollen Sie dulden, dass einem Strafvollzugsbeamten das Recht zugesprochen wird, Werke der deutschen Literatur nach Belieben zu unterdrücken? Wollen Sie dulden, dass ein Gefangener, nur weil er revolutionärer Sozialist ist, in der Republik Deutschland außerhalb des Gesetzes steht?

Der Reichstag würdigt mich keiner Antwort. Ich helfe mir selbst. Ein Freund stenographiert das Schwalbenbuch auf einen handgroßen Zettel mit winziger Schrift, ein Gefangener, der entlassen wird, trägt ihn in seinem Körper in die Freiheit und sendet ihn dem Verlag, der das Buch druckt.

Der Staatsanwalt rächt sich auf seine Weise. Vögel bauen nur dann in überdachten Räumen, wenn das Fenster nach Osten sich wendet. Ich muss meine Zelle verlassen und in eine nördliche ziehen.

Im nächsten Frühling kommen die Schwalben wieder, kommen von irgendwo, aus Urwaldlandschaft und Sonnentraum. Unter hunderten von Gefängnissen finden sie unser Gefängnis, unter hunderten von Zellen meine. Sie beginnen ihr Nestchen zu bauen, auf Befehl des Staatsanwaltes poltern Aufseher in die Zelle und reißen das fast vollendete Nest mit gleichgültig roher Gebärde hinunter.

Wie erschrecken die Schwalben, als sie ihre Wohnung nicht mehr finden. Mit ihren Schnäbeln ziehen sie suchend den Halbkreis des Nestes, flattern ängstlich umher, blicken in alle Winkel der Zelle. Aber schon am nächsten Tag beginnen sie wieder zu bauen. Wieder zerstören die Wächter das Nest.

Der neue Zelleninsasse, Maurer in einem bayerischen Dorf, schreibt dem Staatsanwalt diesen Brief:

Herr Festungsvorstand!

Ich bitte den Herrn Festungsvorstand, den so schwer geprüften, geduldigen und überaus nützlichen und fleißigen Tierchen ihr so hart und schwer erkämpftes Nestchen belassen zu wollen. Ich erkläre, dass dieselben mich nicht im Geringsten stören und auch nichts beschädigen. Erwähnen möchte ich noch, dass in verschiedenen Gefängnissen Schwalbennester sich befinden und dieselben bei schwerer Strafe nicht zerstört werden dürfen.

Hochachtungsvoll

Rupert Enzinger aus Kolbermoor

Staatsanwalt Hoffmann erteilt den lakonischen Bescheid: „Schwalben sollen im Stall bauen, da ist Platz genug."

Das Nest, das inzwischen sich rundet, verfällt dem Spruch. Dem Gefangenen wird eine Zelle gen Norden gewiesen, die andere zugesperrt.

Verwirrt, leidenschaftlich erregt, fangen die Schwalben gleichzeitig in drei anderen Zellen zu bauen an. Halb sind die Nester geschichtet, doch Wächter entdecken sie, und das Grausame geschieht.

In sechs Zellen baut das Paar. Wer kann wissen, was sie treibt. Vielleicht Hoffnung, dass die Menschen ihnen ein Nest gewähren, aus Einsicht und ein wenig Güte.

Die sechs Nester werden weggefegt.

Ich weiß nicht, wievielmal Aufbau und Zerstörung einander folgten. Sieben Wochen dauert der Kampf, ein heldenhafter, ruhmreicher Kampf bayerischer Rechtsbeschützer wider den Geist tierischer Auflehnung. Ein paar Tage bauen die Schwalben nicht mehr, sie haben verzichtet.

Leise spricht es sich von Gefangenem zu Gefangenem: Sie haben im Waschraum zwischen den Abflussröhren eine Stelle gefunden, wo keiner sie entdecken kann, nicht der Spähblick des Wächters, der von draußen die Gitter abtastet, nicht der Spähblick des Wächters, der von drinnen Verbotenem nachspürt. Selten lebte reinere Freude im Zellengang. So waren die Schwalben doch Sieger geblieben im Kampf mit menschlicher Bosheit. Jeder Gefangene fühlte sich Sieger mit ihnen. Doch die lauschenden Wächter, an einem Morgen haben sie auch dieses Nest erspäht.

Nun bauen die Schwalben nicht mehr. Abends fliegen sie in eine Zelle, nächtigen dort, eng aneinandergeschmiegt, auf dem Leitungsdraht, fliegen in der Frühe davon. Eines Abends ist das Schwalbenmännchen allein. Die Schwälbin war gestorben.

Der Weg zum Schwalbenbuch

1

Mitte August verlassen wir, blumengeschmückt, von Frauen und Kindern begleitet, München. Noch ziehen wir nicht ins Feld. Mit unbekanntem Ziel fährt der Zug ab. Tagelang fahren wir.

...

Mitten in der Nacht schreckt uns eine Stimme aus dem Schlaf, wir fahren über den Rhein. Wir springen auf, wir öffnen die Fenster, unter uns fließt schwarz und still der Rhein. Die Kadetten ziehen die Säbel aus der Scheide, „Achtung!" schreit einer, ein andrer singt „Die Wacht am Rhein", wir singen mit und schwingen drohend unsere Gewehre.

Ja, wir leben in einem Rausch des Gefühls. Die Worte Deutschland, Vaterland, Krieg haben magische Kraft, wenn wir sie aussprechen, verflüchtigen sie sich nicht, sie schweben in der Luft, kreisen um sich selbst, entzünden sich und uns.

2

Zerschossener Wald, zwei armselige Worte. Ein Baum ist wie ein Mensch. Die Sonne bescheint ihn, er hat Wurzeln, die Wurzeln stecken in Erde, der Regen wässert sie, die Winde streichen über sein Geäst, er wächst, er stirbt, wir wissen wenig von seinem Wachsen und noch weniger von seinem Sterben. Dem Herbststurm neigt er sich wie seiner Erfüllung, aber es ist nicht der Tod, der kommt, sondern der sammelnde Schlaf des Winters.

Ein Wald ist wie ein Volk. Ein zerschossener Wald ist ein gemeucheltes Volk. Die gliedlosen Stümpfe stehen schwarz im Tag, und auch die erbarmende Nacht verhüllt sie nicht, selbst die Winde streichen fremd über sie hinweg.

Durch einen dieser zerschossenen Wälder, die überall in Europa verwesen, den Priesterwald, ziehen sich die Schützengräben der Franzosen und der Deutschen. Wir liegen so nahe beieinander, dass wir, steckten wir die Köpfe aus den Gräben, miteinander sprechen könnten, ohne unsere Stimme zu erheben.

Wir schlafen aneinandergekauert in schlammigen Unterständen, von den Wänden rinnt Wasser, an unserem Brot nagen die Ratten, an unserem Schlaf der Krieg und die Heimat. Heute sind wir zehn Mann, morgen acht, zwei haben Granaten zerfleischt. Wir begraben unsere Toten nicht. Wir setzen sie in die kleinen Nischen, die in die Grabenwand geschachtet sind für uns zum Ausruhen. Wenn ich geduckt durch den Graben schleiche, weiß ich nicht, ob ich an einem Toten oder einem Lebenden vorübergehe. Hier haben Leichen und Lebende die gleichen graugelben Gesichter.

3

Eines Nachts hören wir Schreie, so, als wenn ein Mensch furchtbare Schmerzen leidet, dann ist es still. Wird einer zu Tode getroffen sein, denken wir. Nach einer Stunde kommen die Schreie wieder. Nun hört es nicht mehr auf. Diese Nacht nicht. Die nächste Nacht nicht. Nackt und wortlos wimmert der Schrei, wir wissen nicht, dringt er aus der Kehle eines Deutschen oder eines Franzosen. Der Schrei lebt für sich, er klagt die Erde an und den Himmel. Wir pressen die Fäuste an unsere Ohren, um das Gewimmer nicht zu hören, es hilft nichts, der Schrei dreht sich wie ein Kreisel in unsern Köpfen, er zerdehnt die Minuten zu Stunden, die Stunden zu Jahren. Wir vertrocknen und vergreisen zwischen Ton und Ton.

Wir haben erfahren, wer schreit, einer der Unsern, er hängt im Drahtverhau, niemand kann ihn retten, zwei haben's versucht, sie wurden erschossen, irgendeiner Mutter Sohn wehrt sich verzweifelt gegen seinen Tod, zum Teufel, er macht soviel Aufhebens davon, wir werden verrückt, wenn er noch lange schreit. Der Tod stopft ihm den Mund am dritten Tag.

4

Der Kaiser wird kommen, wir müssen antreten, der Haupt-
mann bestimmt die Soldaten, die die saubersten Uniformen
tragen, so werden schließlich Köche, Schreiber und Offiziers-
burschen für die Kaiserparade gewählt und mit Eisernen Kreu-
zen dekoriert, Frontschweine haben da nichts zu suchen, sagen
die Soldaten. Brüllendes Gelächter weckt die Nachricht, dass
alle ihre scharfe Munition abgeben mussten, bevor sie vor des
Kaisers Angesicht traten.

5

Ich stehe im Graben, mit dem Pickel schürfe ich die Erde. Die
stählerne Spitze bleibt hängen, ich zerre und ziehe sie mit ei-
nem Ruck heraus. An ihr hängt ein schleimiger Knoten, und
wie ich mich beuge, sehe ich, es ist menschliches Gedärm. Ein
toter Mensch ist hier begraben.

Ein – toter – Mensch.

Warum halte ich inne? Warum zwingen diese Worte zum Ver-
weilen, warum pressen sie mein Hirn mit der Gewalt eines
Schraubstocks, warum schnüren sie mir die Kehle zu und das
Herz ab! Drei Worte wie irgendwelche drei andern. Ein toter
Mensch – ich will endlich diese drei Worte vergessen, was ist
nur an diesen Worten, warum übermächtigen und überwälti-
gen sie mich?

Ein – toter – Mensch –

Und plötzlich, als teile sich die Finsternis vom Licht, das Wort
vom Sinn, erfasse ich die einfache Wahrheit Mensch, die ich
vergessen hatte, die vergraben und verschüttet lag, die Ge-
meinsamkeit, das Eine und Einende.

Ein toter Mensch.

Nicht: ein toter Franzose.

Nicht: ein toter Deutscher.

Ein toter Mensch.

Alle diese Toten sind Menschen, alle diese Toten haben geatmet wie ich, alle diese Toten hatten einen Vater, eine Mutter, Frauen, die sie liebten, ein Stück Land, in dem sie wurzelten, Gesichter, die von ihren Freuden und ihren Leiden sagten, Augen, die das Licht sahen und den Himmel. In dieser Stunde weiß ich, dass ich blind war, weil ich mich geblendet hatte, in dieser Stunde weiß ich endlich, dass alle diese Toten, Franzosen und Deutsche, Brüder waren, und dass ich ihr Bruder bin.

6

Ich fasse das Leid nicht, das der Mensch dem Menschen zufügt. Sind die Menschen von Natur so grausam, sind sie nicht fähig, sich hineinzufühlen in die Vielfalt der Qualen, die stündlich, täglich Menschen erdulden?

Ich glaube nicht an die „böse" Natur des Menschen, ich glaube, dass er das Schrecklichste tut aus Mangel an Phantasie, aus Trägheit des Herzens.

Habe ich nicht selbst, wenn ich von Hungersnöten in China, von Massakern in Armenien, von gefolterten Gefangenen auf dem Balkan las, die Zeitung aus der Hand gelegt und, ohne innezuhalten, mein gewohntes Tagewerk fortgesetzt? Zehntausend Verhungerte, tausend Erschossene, was bedeuteten mir diese Zahlen, ich las sie und hatte sie eine Stunde später vergessen. Aus Mangel an Phantasie. Wie oft habe ich Hilfesuchenden nicht geholfen. Aus Trägheit meines Herzens.

Würden Täter und Tatlose sinnlich begreifen, was sie tun und was sie unterlassen, der Mensch wäre nicht des Menschen ärgster Feind.

Die wichtigste Aufgabe künftiger Schulen ist, die menschliche Phantasie des Kindes, sein Einfühlungsvermögen zu entwickeln, die Trägheit seines Herzens zu bekämpfen und zu überwinden.

7

Ich will das Lebendige durchdringen, in welcher Gestalt es sich auch immer zeigt. Ich will es mit Liebe umpflügen, aber ich will auch das Erstarrte, wenn es sein muss, umstürzen, um des Geistes willen. Ich will, dass niemand Einsatz des Lebens fordert, wenn er nicht selbst von sich weiß, dass er sein Leben einzusetzen willens ist, nicht nur das, dass er es einsetzen *wird*.

…

Was könnte ich Ihnen nun noch sagen? Dass ich glaube, wir müssen vor allen Dingen den Krieg, die Armut und den Staat bekämpfen, der letztlich nur die Gewalt und nicht das Recht (als Besitz) kennt, und an seine Stelle die Gemeinschaft setzen, wirtschaftlich gebunden durch den friedlichen Tausch von Arbeitsprodukten gegen gleichwertige andere, die Gemeinschaft freier Menschen, die durch den Geist besteht.

…

Zum Schluss nur noch, dass ich in meinem innersten Kern eine Ruhe spüre, die *ist* und mir die Freiheit gibt, dass ich in größter Ruhe leben, dass ich gegen Schmutz oder beschränkten Unverstand hitzig und erregt ankämpfen kann und mir diese innerste Ruhe doch bleibt.

8

Der Dramatiker Günther Weisenborn:

Im Rahmen des offenen Fensters sehe ich ihn, erhöht über der Masse unter den niederen Ziehwolken des regnerischen Abendrothimmels, schlank, schwarz und kalt. Er spricht kalt, noch beherrscht mit einem leisen Beleidigtsein, mit jener nervigen Eleganz, die durch seine Bewegungen sensibel vibriert. Und dann bricht er aus und schleudert eine rasende Anklage gegen alles, was Krieg heißt, in den trüben Septemberhimmel Leipzigs, über die graue unübersehbare Masse von sächsischen Arbeiterköpfen.

Dieser ist der Wort gewordene Wille der Massen, dieser ist die Anklage gewordene Klage des Leipziger Industriekulis, dies ist ein Ereignis! … Er steht hier im Park wie Feuer in den Bäumen, ein Mann, jung schwarzhaarig, elektrisch, fast stammelnd vor Ergriffenheit, das Profil des Expressionisten … Es ist der flammende Hass, der dort diesen hektischen Redner schüttelt. Der Hass auf den Krieg und die Kriegsstifter. Er weint, er ist erschüttert, und er erschüttert die Masse. Sie wissen, dieser ist kein glatter Paganini der Rhetorik … Dieser ist Ernst Toller.

9

Ich würde mich nicht Revolutionär nennen, wenn ich sagte, niemals kann es für mich in Frage kommen, bestehende Zustände mit Gewalt zu ändern. Wir Revolutionäre anerkennen das Recht zur Revolution, wenn wir einsehen, dass Zustände nach ihren Gesamtbedingungen nicht mehr zu ertragen, dass sie erstarrt sind. Damit haben wir das Recht, sie umzustürzen.

…

Meine Herren Richter! Wenn Sie einmal zu den Arbeitern gehen und dort das Elend sehen, dann werden Sie verstehen, warum diese Menschen vor allen Dingen ihre materielle Notdurft befriedigen müssen. Aber in diesen Menschen ist auch ein tiefes Sehnen nach Kunst und Kultur. Der Kampf hat begonnen, und er wird nicht niedergehalten werden durch die Bajonette und Standgerichte der vereinigten kapitalistischen Regierungen der ganzen Welt.

Ich bin überzeugt, dass Sie nach bestem Wissen und Gewissen das Urteil sprechen. Aber nach meinen Anschauungen müssen Sie mir zugestehen, dass ich dieses Urteil nicht als Urteil des Rechts, sondern als ein Urteil der Macht hinnehmen werde.

10

Am zweiten Tag werde ich zum Spaziergang in den Hof geführt, allein gehe ich im Quadrat des kleinen gepflasterten Hofs, zwei Wächter bewachen mich, an den Fensterflügeln des Gefängnisses hängen Soldaten, sie schimpfen und johlen.

Die Schatten der toten Kameraden begegnen mir, ich sehe die Mauer, an der sechsunddreißig Menschen erschossen wurden, von zahllosen Kugeleinschlägen ist sie durchlöchert, vertrocknete Fleischteile, Gehirnfetzen, Haare kleben daran, die Erde davor narben eingetrocknete Blutlachen. Ich zähle an der Mauer die Einschläge, der Wärter erzählt, warum sie so tief sitzen, die betrunkenen württembergischen Soldaten zielten nach Bauch und Knien, „Du darfst nit gleich verrecke, Du Spartakischte – Hund, a Bauchschüssle muschte hawe", sagten sie.

Ich stehe vor der Mauer und friere.

Hier wurde der Knabe erschossen, der einem Rotgardisten Munition gebracht hatte.

Hier starb die Frau, die, um ihren Liebsten zu retten, seine Handgranate auf ihrer Brust verbarg.

Hier war Leviné mit dem Ruf „Es lebe die Weltrevolution!" zusammengebrochen.

Eine kleine Tür trennt uns von dem Hof des Frauengefängnisses, in dem Gustav Landauer erschlagen wurde.

11

Die Monate im Gefängnis zerfließen formlos, formlos …

„Ein jeder atmete mit seinem Licht
die kleine Luft in seiner Grube aus,
vergaß sein Alter und sein Angesicht
und lebte wie ein fensterloses Haus
und starb nicht mehr, als wär er lange tot.
Sie lasen selten; alles war verdorrt,
als wäre Frost in jedes Buch gekrochen,

und wie die Kutte hing von ihren Knochen,
so hing der Sinn herab von jedem Wort.
Sie redeten einander nicht mehr an,
wenn sie sich fühlten in den schwarzen Gängen,
sie ließen ihre langen Haare hängen,
und keiner wusste, ob sein Nachbarsmann
nicht stehend starb."

Lies Rilkes Stundenbuch, lies es in stillen Stunden, wie Fromme eine Bibel lesen. –

12

Unser Freund Hagemeister ist gestorben.

Er erkrankte vor einer Woche, er fühlte die Nähe des Todes, er bat, man möge ihn ins Krankenhaus bringen, das Justizministerium ließ es nicht zu. Sie rissen ihn aus unserer Mitte, sie legten ihn, da in diesem Ehrengefängnis eine Krankenstube fehlt, in Isolierhaft, einen Blindgänger aus dem Krieg stellten sie ihm ans Bett, er solle daran klopfen, wenn er etwas wünsche. Der Gefängnisarzt hielt ihn für einen Simulanten.

Zwei Tage vor seinem Tod besuchte ihn seine Frau. Der todkranke Mann durfte nicht mit ihr allein sein. In München kämpften sie um sein Leben. Sie liefen zu Staatsanwälten und Behörden, überall fanden sie taube Ohren.

Nachts, in letzter Verlassenheit ist er gestorben. „Sanft entschlafen", sagt der Staatsanwalt.

Wir dürfen Abschied nehmen von unserem toten Freund, in der kahlen Zelle sitzt er, das Gesicht des vierundvierzigjährigen Mannes ist auf die Brust gesunken, die eine Hand liegt verkrampft auf dem Klapptisch neben der leeren Granate, die andere fällt mit hilfloser Gebärde von der Stütze des Stuhls. Die Wärter sind verstört. Der Staatsanwalt fürchtet eine Meuterei. Es ist ihm unheimlich, dass wir so still sind, er lässt ins Dachgeschoss ein Maschinengewehr schaffen, das den Hof bestreichen kann.

Wir gehen auf den Hof, keiner spricht ein Wort, wir demonstrieren gegen den Mord, ohne Fahnen, ohne Reden. Einer geht hinter dem anderen. Lautlos. Stumm. Eine Stunde gehen wir so. Die Posten vorm Gefängnis sind verstärkt, die Wärter alarmiert, am Maschinengewehr lauern Soldaten. Wir beachten sie nicht. Wir gehen im Quadrat des Hofes, einer hinter dem anderen. Lautlos. Stumm.

13

Die Nacht ist da.

Der spitze Hasslärm auf den Gängen ist verstummt, er mag in den Träumen der Zellenbewohner leben, die der Nachtmahr drosselt.

Gestern aber fiel der erste Schnee.

Fern sind die berauschenden Farben herbstlicher Abendhimmel. Feindlich die Dinge der Zelle, das Bett, der Tisch, die Wand.

„Weh mir, wo nehm ich, wenn
Es Winter ist, die Blumen und wo
Den Sonnenschein
Und Schatten der Erde?
Die Mauern stehen
Sprachlos und kalt, im Winde
Klirren die Fahnen."

14

Überfällt es Dich nicht plötzlich: Deine Worte gleiten ins Leere, niemand ist da, der sie aufnehmen will. Die Leere dringt in Dich, Du möchtest Deine eigne Stimme vernehmen. Da Du sie vernimmst, erschrickst Du: Dein Wort hat Leben und Klang verloren, es fällt aus Deinem Mund, tot.

...

Ich las heute ein Gedicht Eichendorffs. Lies auch Du es, Liebe. Es heißt: „Todeslust".

„Bevor er in die blaue Flut gesunken,
Träumt noch der Schwan und singet todestrunken;
Die sommermüde Erde im Verblühen,
Lässt all ihr Feuer in den Trauben glühen;
Die Sonne, Funken sprühend, im Versinken,
Gibt noch einmal der Erde Glut zu trinken,
Bis, Stern auf Stern, die Trunkne zu umfangen,
Die wunderbare Nacht ist aufgegangen."

15

Das kümmerliche Gras auf dem Hof sprosst. Es wird Frühling. Hörst du: Frühling. Man schreit das Wort heraus, singt es vor sich hin, streichelt es wie ein kostbares Gefäß. Wie viele Jahre hab ich den Frühling nicht mehr erlebt. Im vorigen Jahr vor entfesselter Soldateska in den Wohnungen opferbereiter Freunde verborgen, vor zwei Jahren im Militärgefängnis, vorher der Krieg, der hundert Jahre dauerte oder mehr – man weiß es nicht.

Ich hab im Gras die ersten Gänseblümchen entdeckt, weiße Gänseblümchen mit einem rosigen Hauch.

Und eine goldgelbe Butterblume blinzelt am Zaun. Die Bäume tragen winzige Knospen. Ich beobachte jeden Tag, wie sie größer werden.

Und gestern, da ich durchs vergitterte Fensterloch blickte, sah ich die Birke, die einen grünen Schleier trug.

Auch die Weidenbäume am Teich draußen schimmern in einem samtenen Grün.

O Grün der Wiesen und Felder. Farbentanz grüner Sonnen. O sanftes Wunder dieser Tage.

16

Eigentlich sollte dieser Brief mit dem Fazit einer rezeptiven Arbeit beginnen. Aber das ist nicht möglich. Warum? Weil mich vor wenigen Minuten ein seltsamer Besuch beglückte.

Zwei Schwalben hatten mich besucht. Erst saßen sie auf dem zurückgeklappten Fenster meines Gitterlochs, dann flogen sie auf den Draht der elektrischen Leitung, der halbkreisförmig nach unten ausgebuchtet über meinem Tisch schwebt. Dort zwitscherten sie, rutschten hin und her, kraulten sich den schwarzen Rücken und die weißen Bäuchlein, vergaßen auch nicht, ihre Visitenkarte abzugeben, die respektvoll zwei Bücher grüßte: Tassos *Befreites Jerusalem* und Miltons *Verlorenes Paradies*. In stiller Heiterkeit schaute ich dem anmutigen Besuch zu – wunschlos.

17

Das Zeichen, das ich Dir schicke, ist diese Rebhuhnfeder. Schau sie Dir an: Wie wohl das warme Braun dem Auge tut, wie besänftigend die rötlich matte Tönung. Die Zartheit der schwarzen und weißen Tupfen an den Spitzen.

Ich will dir die Geschichte der Feder erzählen. Von dem Rebhuhn schrieb ich Dir, das ich, von Frost fast gelähmt, im Hof fand und mit auf meine Zelle nahm. Aber bevor ichs nach oben tragen konnte, musste ich warten, bis die Hoftür vom Aufseher geöffnet wurde. Was mit dem frierenden Tier tun? Ich nahms unter den Mantel. Der wärmte nicht genug. Unters Jackett. Unter die Weste. Schließlich öffnete ich das Hemd und tats dahin, wo es am ehesten sich wärmen konnte, an die Brust. Es fühlte sich ganz wohl da, schmiegte sich still an und zog das Köpfchen ein. Am Abend (es hatte sich in der Zelle erholt und war längst wieder davon geflogen), fand ich beim Ausziehen die Feder als einen Gruß. Dir geb ich ihn weiter.

18

Meine Beziehung zu allem Lebendigen wird immer fragiler. Als Knabe, als halbwüchsiger Bursche schoss ich Hasen, war leidenschaftlicher Jäger, mit Grauen denke ich heute daran. Dann kam der Krieg und Monate in Erdlöchern, in Waldverstecken und ein inniges Gefühl für Tier und Baum.

Ich habe vor einem Jahr tagelang nicht arbeiten, kaum schlafen können, so sehr war ich erregt über eine Mäusejagd, die Genossen im Hof anstellten, wobei sie die Mäuse in Eimern, die mit Wasser gefüllt waren, ersäuften. Eigentlich ist es falsch zu sagen, ich war erregt, irgendein heftig bohrendes Gefühl, das Du aber nicht mit sentimentaler Empfindlichkeit gleichsetzen darfst, quälte mich. Und heute begreife ich nicht mehr, wenn Menschen Unterschiede machen zwischen lebendigen Wesen und toten Dingen, ich lächle über die Unterscheidung. Ich gehe so weit, zu behaupten, dass der Stein gerade so ein Herz hat wie der Mensch, wie das Tier, dass in der Schneeflocke grad so der Atem des Lebendigen wirkt wie in der Blume. Neulich brachte die Berliner Illustrierte Zeitung Bilder von Schneeflocken, durchs Mikroskop gesehen. Welche herrlichen Formen. „Tote" Flocken!

Es gehört zur Arroganz des Bildungsmenschen, Begriffe wie „Aufsteigen" vom Anorganischen zum Organischen zu prägen, wo Verstummen geziemt.

19

Als Kinder sind wir dem Kreatürlichen, den Dingen in einer Weise verbrüdert, deren tiefe Lebensnähe wir erst als Männer ahnen. Dann kommen die Jahre, wo wir scheiden und unterscheiden, durch Erkenntnis verwerfen und bejahen, wo wir Intellektuelle werden und unser Hirn sich anfüllt mit dem Wissensstoff und dem Bücherextrakt gelebter Kämpfe. Wo wir uns vom Sinnlich-Lebendigen entfernen und vorstoßen in das Reich der Abstraktionen. Jetzt beginnt die große Wegscheidung. Die meisten finden nicht mehr heraus. Sie glauben das Leben zu deuten und – wissen nicht, wie fern sie dem Leben sind. Wenigen gelingt es, alles Wissen haltend, hineinzuwachsen in einen neuen Stand der Kindheit, der mit der ersten Kindheit gemeinsam hat die tiefe, instinktsichere Lebensnähe und ihr voraus hat das umfassende Wissen. Dort ist der Mensch zugleich in allem und über allem.

20

Ich fixiere meine Einfälle nicht. Meistens ist es so, dass Monate nach dem ersten Einfall vergehen, bis ich das Werk schreibe. In diesen Monaten geistigen Bauens lasse ich alles, was zum Werk Beziehung hat, gleichsam in mich hineinfallen. Im Allgemeinen kann ich morgens kaum arbeiten. Aber in Tagen, da ich ein größeres Werk schreibe, arbeite ich zu jeder Zeit, unterbreche nur, wenn mir die Finger vom Schreiben klamm werden. Ich brauche, wenn ich mit Tinte schreibe, eine bestimmte Feder. Und Stille. Ich rauche viel, meide *jede* Art von Geselligkeit. Entwürfe mache ich selten. Wenn es geschieht, andeutende Skizzen. Ich schreibe sehr schnell. Trotzdem zu langsam. Es baut sich rascher auf, als ich mechanisch folgen kann. Ich korrigiere viel. Bis ich die Arbeit in Druck gebe, können viele Monate vergehen, in denen ich ganze Teile und einzelne Worte ständig umarbeite. Auch Korrekturfahnen ändere ich. Ich sehe das Stück gleichsam neu, wenn es das erste Mal gedruckt vor mir liegt. Das fertige Buch lese ich nie mehr. Es sei denn, wenn ich bei Vorlesungen einzelne Kapitel sprechen muss. Auch dann geschieht es nach Überwindung starker Hemmungen. Ob ich Lust habe, fertige Bücher noch einmal zu schreiben? Man könnte mich ebensogut fragen, ob ich ein Stück gelebtes Leben noch einmal von vorne beginnen möchte.

21

Es wächst ein eigentümliches Buch, das „Schwalbenbuch", wächst, ohne dass ich viel dazu tue, wächst nach seinem eigenen Rhythmus, nach seinen eigenen Gesetzen.

22

Die Wurzel jedes Gedichts ist Erlebnis.
Was wir Form nennen, ist Liebe.

Ernst Toller 1893-1939

1893

1. 12.: Geburt in Samotschin (preußische Provinz Posen, heute polnisch Szamocin). Ernst ist letztes der drei Kinder des wohlhabenden jüdischen Gemischtwarenhändlers und Stadtverordneten Mendel Toller und seiner Frau Charlotte.

ab ca. 1900

Besuch einer jüdischen Volksschule.

ca. 1903-1905

Besuch einer kleinen höheren Privatschule für deutschsprachige Knaben, Unterbrechung wegen einer schweren Erkrankung für ein Jahr.

Ab 1906

Realgymnasium in Bromberg, wo er als Pensionsgast privat untergebracht ist. Aus den nächsten Jahren datieren literarische Anfänge, Mitwirken beim Schultheater und Enthusiasmus für die Bühne.

1911

29.8.: Tod des Vaters in Samotschin. Die Mutter führt die Geschäfte erfolgreich weiter.

1913

Wahrscheinlich im Herbst Abiturexamen.

1914

Im Februar schreibt Toller sich an der Ausländeruniversität Grenoble ein, besucht juristische, literarische und philosophische Vorlesungen, ist aber mehr auf Ausschweifungen und Mittelmeerreisen unterwegs.

Bei Kriegsausbruch kehrt er unverzüglich via Genf nach Deutschland zurück.

9. August: Als Kriegsfreiwilliger zum 1. Bayerischen Fuß-Artillerie-Regiment in München.

1915

Artilleristen-Dienst in der Etappe bei Germersheim/Pfalz und Straßburg.

März: Toller meldet sich freiwillig zur Front, kämpft zuerst an einem Geschütz im Bois-le-Prêtre, dann östlich von Verdun.

August: Versetzung zur Infanterie auf eigenen Wunsch. Derweil schreibt er bereits dem Patriotismus abgewandte, realistische Kriegsgedichte.

1916

Mai: Nach dreizehn Monaten an der Front, in denen er eine Tapferkeitsauszeichnung erhält und zum Unteroffizier befördert wird, erleidet Toller einen Kollaps; anschließend Aufenthalt in Lazaretten und Sanatorien.

1917

Da kriegsuntauglich geschrieben, besucht Toller an der Universität München Lehrveranstaltungen unterschiedlicher Fächer.

Im Kreis um den „Theaterprofessor" Arthur Kutscher hat er Kontakte zu Wedekind, Rilke und Thomas Mann.

Arbeit an seinem ersten Drama *Die Wandlung*.

September: Mitwirkung bei dem vom Verleger Eugen Diederichs veranstalteten Künstler- und Intellektuellentreffen auf Burg Lauenstein, enttäuscht von leeren Worten, doch beeindruckt von dem Dichter Richard Dehmel und dem Soziologen Max Weber.

An dessen Wirkungsstätte Heidelberg immatrikuliert sich Toller im Wintersemester für Jura und Nationalökonomie.

21. Dezember: Toller flüchtet nach Berlin, nachdem er u.a. mit einer deutschlandweiten Briefaktion einen „Kulturpolitischen

Bund der Jugend in Deutschland" begründete und sich damit unliebsam gemacht hatte.

Begegnung mit dem Arbeiterführer und radikalen Kriegsgegner Kurt Eisner, erste öffentliche Rede auf einer Veranstaltung unter dem Motto „Arbeiter der Stirn und der Faust vereinigt Euch!"

1918

Januar: Toller folgt dem Münchener Vorsitzenden der Unabhängigen Sozialdemokratischen Partei Deutschlands (USPD) Eisner dorthin, hält eine pazifistische Rede auf einer Studentenversammlung und einen ersten Vortragsabend mit eigenen Dichtungen.

Ende Januar ist er aktiv beim Munitionsarbeiterstreik, spricht vor 6000 Arbeitern auf der Theresienwiese, wird nach Streikende in einer Militärarrestanstalt eingesperrt. Durch Lektüre wandelt er sich zum bekennenden Sozialisten.

Mai: Aus politischen Gründen wieder eingezogen; Versetzung zur Ersatz-Batterie in Neu-Ulm.

Sommer: Heimlicher Besuch bei dem bewunderten, pazifistisch-revolutionären Vordenker Gustav Landauer in Krumbach (Franken).

Die Mutter veranlasst eine Zwangsuntersuchung in der Psychiatrischen Universitätsklinik München.

Ein Ermittlungsverfahren des Reichsgerichts Leipzig wegen Landesverrats führt zu keiner Anklage.

September: Entlassung aus der Armee. Danach Auftritte auf politischen Versammlungen in Berlin und Besuch bei der Mutter in Landsberg an der Warthe.

8./9. November: Als er vom dortigen revolutionären Umsturz erfährt, begibt er sich nach München zu Eisner, der als Ministerpräsident gewählt wird und Toller als 2. Vorsitzenden des Vollzugsrates der Bayerischen Arbeiter-, Bauern- und Soldatenräte beruft; gleichfalls wird er Mitglied des Provisorischen Nationalrates des Volksstaates Bayern.

Mitte Dezember: Als bayerischer Delegierter Teilnahme beim deutschlandweiten Rätekongress in Berlin.

1919

12. Januar: Toller scheitert als Landtagskandidat der USPD im rechtsrheinischen Bayern, Eisner erlebt ein Wahldebakel.

Februar: Delegierter Münchens beim Berner Kongress der Zweiten Sozialistischen Internationale.

Eisner wird in München ermordet.

März: Toller wird Vorsitzender der bayerischen USPD.

6./7. April: Ausrufung der Räterepublik Bayern in München durch den Revolutionären Zentralrat. Toller wird dessen Vorsitzender, hat also das oberste Amt der Räteregierung inne und signiert ihre Erlasse.

13. April: Die Kommunisten unter Führung von Eugen Leviné putschen gegen die Räteregierung, Toller verliert seine Ämter und stellt sich als Soldat zur Verfügung.

Er wird plebiszitär gewählter Abschnittskommandant der Roten Armee bei Dachau.

16. /17. April: Siegreiches Gefecht um Dachau.

26. April: Weil die kommunistische zweite Räteregierung keinen Verhandlungsfrieden mit der Bamberger Landtagsregierung will, gibt Toller das Kommando ab.

Ende April: Toller unterbindet Lynchjustiz am Eisner-Mörder Graf Arco-Valley und SPD-Führer Auer, befreit nach Erschießungen im Luitpold-Gymnasium die restlichen dort gefangen Gehaltenen.

1. Mai: Nach der Eroberung Münchens durch Freikorps und Reichstruppen taucht er in verschiedene Verstecke unter und wird steckbrieflich gesucht. Ca. 1000 Menschen werden in den

folgenden Tagen von den Eroberern ermordet, darunter Gustav Landauer.

4. Juni: Nach Denunziation wird Toller in Schwabing verhaftet und ins Gefängnis Stadelheim am Stadtrand Münchens gebracht.

5. Juni: Der KPD-Führer Eugen Leviné wird nach einem Kriegsgerichtsurteil hingerichtet.

14.-16. Juli: Ein Standgericht beim Landgericht München verurteilt Toller wegen „Hochverrat aus ehrenhaften Motiven"; die Anwendung lediglich der Mindeststrafe von 5 Jahren Festungshaft ist wohl der Fürsprache vieler Prominenter zu verdanken, z.B. Thomas Mann, Max Weber, Romain Rolland.

24. September: Überführung in das provisorische Festungsgefängnis Eichstätt.

30. September: Tollers Schauspiel *Die Wandlung* wird in Berlin uraufgeführt, erlebt 115 Aufführungen und bis 1924 fünf weitere Inszenierungen in Deutschland.

Oktober: Das zweite Theaterstück *Masse – Mensch* entsteht im Eichstätter Gefängnis. Als erste Buchveröffentlichung erscheint *Die Wandlung* im Kiepenheuer-Verlag.

Toller verfasst außerdem Gefängnislyrik und das Puppenspiel *Die Rache des verhöhnten Liebhabers*.

1920

Januar: Als Samotschin unter polnische Hoheit fällt, verlassen die Tollers die Stadt.

Die bayerische Landesregierung bietet Toller anlässlich der 100. Aufführung von *Die Wandlung* die Begnadigung an; er lehnt ab und fordert eine allgemeine Amnestie.

3. Februar: Einlieferung ins Festungsgefängnis Niederschönenfeld bei Rain/Lech, wo die verurteilten linksgerichteten Gefangenen zusammengezogen werden.

6. Februar: Toller fungiert bei den Landtags- und Reichstagswahlen als erster Ersatzmann für die USPD.

15. November: Das zweite Drama *Masse – Mensch* wird im Nürnberger Stadttheater uraufgeführt. Die bayerische Landesregierung verbietet nach Prügeleien unter den Zuschauern weitere Aufführungen.

1921

Niederschrift des Dramas *Die Maschinenstürmer*.

Der Sonettenkreis *Gedichte der Gefangenen* erscheint in München.

21. Juni: Toller rückt für den ermordeten USPD-Fraktionsführer Karl Gareis in den bayerischen Landtag nach, wird für sein Mandat aber nicht beurlaubt.

29. September: Premiere der richtungweisenden Jürgen-Fehling-Produktion von *Masse – Mensch* an der Berliner Volksbühne; es folgen etwa 70 Vorstellungen und 17 weitere Inszenierungen in acht Ländern während der nächsten drei Jahre.

Oktober: Die erste Fassung der Tragödie *Der deutsche Hinkemann* entsteht.

1922

Juni: Die endgültige Fassung des „Hinkemann" abgeschlossen.

30. Juni: *Die Maschinenstürmer* wird im Großen Schauspiel Berlin uraufgeführt.

Juli/August: Eine Generalamnestie der deutschen Reichsregierung für politische Häftlinge tritt in Kraft, die in Bayern ignoriert wird.

6. August: Das Massenspiel *Bilder aus der großen französischen Revolution* wird auf dem 25. Gewerkschaftsfest in Leipzig gezeigt.

Die USPD ist nach mehreren Abspaltungen zur Splitterpartei geworden; Toller engagiert sich fortan parteipolitisch nicht mehr.

1923

Winter: Arbeit an der Komödie *Der entfesselte Wotan*.

8. Mai: *Die Rache des verhöhnten Liebhabers* bei der Freien Volksbühne Jena uraufgeführt.

Sommer: *Das Schwalbenbuch* entsteht.

7. August: Das Massenspiel *Krieg und Frieden* wird auf dem 26. Gewerkschaftsfest in Leipzig unter freiem Himmel gezeigt.

19. September: *Der deutsche Hinkemann* im Alten Theater Leipzig uraufgeführt; dort folgen etwa 50 Vorstellungen sowie 38 Inszenierungen in 13 Ländern während der nächsten neun Jahre.

1924

17. Januar: Die „Hinkemann"-Produktion des Staatstheaters Dresden wird wegen nationalistischer Störer bei der Premiere nicht mehr gezeigt.

10. Februar: Auch im Wiener Raimund-Theater bleibt es nach dem Versuch von Nationalisten, die geschlossene Vorstellung zu erstürmen, bei nur einer „Hinkemann"-Aufführung.

April: Weitere „Hinkemann"-Skandale in Delitzsch/Sachsen und im Berliner Residenz-Theater.

Der lyrische Zyklus *Das Schwalbenbuch* erscheint im Potsdamer Kiepenheuer-Verlag, das späterhin meistübersetzte Werk Tollers. Das von der Gefängnisleitung beschlagnahmte Manuskript hatte ein entlassener Mitgefangener herausgeschmuggelt.

15. Juli: Entlassung aus Niederschönenfeld und sofortige Ausweisung aus Bayern; heimlich nach Thüringen abgeschoben, zieht Toller nach Berlin.

18. Juli: Vom Berliner Publikum bejubelt sieht er mit „Hinkemann" erstmals ein eigenes Stück auf der Bühne.

3. August: Das Massenspiel *Erwachen* wird auf dem Leipziger Gewerkschaftsfest in seiner Anwesenheit gezeigt. Ebenfalls hält

Toller eine Rede zum 10. Jahrestag des Kriegsausbruchs vor einem Massenpublikum.

16. November: Die Komödie *Der entfesselte Wotan* wird im Bolschoi-Theater Moskau uraufgeführt.

1925

Eine geplante Lesereise muss wegen einer Störkampagne der politischen Rechten abgesagt werden.

Ende Januar: Toller in Prag zur deutschsprachigen Erstaufführung des „Wotan".

März: Eine Reise nach Palästina wird wegen Erkrankung abgebrochen.

Dezember: In London, eingeladen vom englischen PEN-Club.

1926

23. Februar: *Der entfesselte Wotan* wird in Berlin erstmals in Deutschland aufgeführt.

Im Frühling besucht Toller für zehn Wochen die Sowjetunion.

Er schließt sich der Gruppe Revolutionärer Pazifisten um Ossietzky und Tucholsky an, hat vielfache Kontakte zur Deutschen Liga für Menschenrechte.

Sommer und Herbst: In Frankreich.

1927

Januar: Reise durch Österreich für Lesungen und Aufführungen.

Februar: Beim Kongress der Liga gegen koloniale Unterdrückung in Brüssel.

März: Lesetournee durch Dänemark und Norwegen.

Mai: Erscheinen des autobiographischen Werkes *Justiz. Erlebnisse*.

Sommer: In Zusammenwirkung mit dem Theater-Erneuerer Erwin Piscator entsteht das Stück *Hoppla, wir leben!*

1. September: *Hoppla, wir leben!* an den Hamburger Kammerspielen uraufgeführt.

3. September: Piscators erstes eigenes Theater debütiert mit *Hoppla, wir leben!* in Berlin.

1928

Frühjahr: Toller reist mit Hermann Kesten durch Italien und Nordafrika.

September: Lesetournee durch Schweden und Norwegen.

11. November: Er wirkt in Berlin an der Gründung eines Internationalen Komitees der Freunde Sowjetrusslands mit.

1929

Beginn der Ausarbeitung der Autobiographie *Eine Jugend in Deutschland*.

2. Februar: Uraufführung der von Moliere adaptierten Komödie *Bourgeois bleibt Bourgeois* im Berliner Lessing-Theater, die Toller, Hasenclever und Kesten gemeinsam verfassten.

19. Februar: Besuch der Premiere von *Hoppla, such is life!* in London.

24. Februar: An Kurt Eisners 10. Todestag hält Toller eine Gedenkrede im Theater am Schiffbauerdamm, Berlin.

Oktober-Dezember: Erste Reise über den Atlantik zu 35 Rednerauftritten in den USA und Mexiko.

1930

Der Band *Quer durch* mit Impressionen von den Reisen durch Russland und die USA erscheint.

Juni: Teilnahme am PEN-Kongress in Warschau.

31. August: *Feuer aus den Kesseln!* im Berliner Theater am Schiff-bauerdamm uraufgeführt.

September: Toller referiert über „Gefangenschaft und Sexuali-tät" auf dem Kongress der Weltliga für Sexualreform in Wien.

7. Oktober: In der „Weltbühne" erscheint Tollers Artikel „Reichskanzler Hitler", der die Ereignisse ab 1933 vorweg-nimmt.

4. Dezember: Er tritt der Resolution des Internationalen Vertei-digungskomitees für die Sowjetunion bei.

Das Toller-Hörspiel *Berlin – letzte Ausgabe* wird von der Berliner Funkstunde gesendet. Im Berliner Rundfunk kommt es zu einem Streitgespräch Toller - Alfred Mühr zum „Kulturbank-rott des Bürgertums", das später mit dem Titel *Nationalsozialis-mus* gedruckt wird.

1931

17. Oktober: Uraufführung von *Wunder in Amerika* am National-theater Mannheim, einer von Toller und Kesten gemeinsam erarbeiteten satirischen Dramatisierung der Biographie Mary Baker Eddys (Gründerin der Sekte Christian Science).

Toller und Hasenclever wirken bei der deutschen Fassung *Menschen hinter Gittern* (Hauptrolle Heinrich George) des ame-rikanischen Tonfilms *The Big House* mit.

Ende Oktober - Februar 32: Toller reist im Auto durch Spanien, veröffentlicht eine Reportageserie über die junge Republik in der „Weltbühne".

1932

Februar: In Berlin lernt Toller die erst vierzehnjährige Schau-spielerin Christiane Grautoff kennen.

April: Eine Rundfunk-Sendereihe Tollers zur spanischen Repu-blik wird auf Betreiben des Reichsrundfunkkommissars und NSDAP-Mitglieds Erich Scholz vor dem Start abgesetzt.

Juni: Auf dem PEN-Kongress in Budapest prangert Toller die zunehmende Unterdrückung geistiger Freiheit an, wendet sich gegen die neutrale Haltung des Schriftstellerbundes zum Faschismus.

31. Oktober: Das Drama *Die blinde Göttin* über eine unschuldig inhaftierte Frau wird im Wiener Raimund-Theater uraufgeführt.

1933

Nach der nationalsozialistischen Machtergreifung Ende Januar und dem Reichstagsbrand am 27.2. kehrt Toller nicht aus der Schweiz nach Berlin zurück, entgeht dort einem Verhaftungsversuch, muss die Beschlagnahme seines gesamten Eigentums hinnehmen. Einige Manuskripte und viele Briefe aus dem Gefängnis werden von der Journalistin Dora Fabian gerettet.

10. Mai: Bei der öffentlichen Bücherverbrennung durch die Nazis werden auch Tollers Werke verbrannt.

Ende Mai: Mit seiner Rede auf dem Kongress in Dubrovnik bewirkt er die Politisierung des PEN gegen die Nazidiktatur.

Sommer: Lesetournee durch Jugoslawien.

23. August: Toller wird durch die NS-Regierung ausgebürgert.

September: Er sagt zum Reichstagsbrand vor einem Komitee des englischen Unterhauses aus.

Herbst: *Eine Jugend in Deutschland*, Tollers Autobiographie, erscheint im Exilverlag Querido in Amsterdam.

26. Dezember: Tod der Mutter in Deutschland.

1934

Januar: Beginn der wechselvollen Lebensgemeinschaft mit Christiane Grautoff.

Februar: Nach Zürich wird London zum Lebensmittelpunkt.

Juni: Toller ist am Aufbau des deutschen Exil-PEN in London beteiligt.

Ab Juni: Er unterstützt die Liga für Menschenrechte dabei, dem inhaftierten Carl von Ossietzky zum Nobelpreis zu verhelfen.

Mit Kesten bereitet er eine Ausgabe der Gefängnisbriefe vor.

August: Beim 1. Kongress des sowjetischen Schriftstellerverbandes in Moskau trägt er „Das Werk des Dramatikers" vor.

Eine Jugend in Deutschland erscheint in englischer Übersetzung unter dem Titel *I was a German*.

1935

Januar: Die Toller-Rede bei einer irischen Kundgebung gegen Nazi-Deutschland wird durch Intervention der deutschen Botschaft bei der Dubliner Regierung verhindert.

Februar: Ein Sammelband mit Toller-Stücken in englischer Übersetzung erscheint.

März: Rätselhafter Entführungsversuch durch einen Naziagenten.

Mai: Die *Briefe aus dem Gefängnis* erscheinen.

Toller beginnt mit regelmäßigen Besuchen bei einer Psychiaterin, um seine manchmal suizidalen Depressionsanfälle zu bekämpfen.

16. Mai: Toller heiratet Christiane Grautoff in London.

Juni: Parisaufenthalt beim 1. Internationalen Schriftstellerkongress zur Verteidigung der Kultur

Jahresmitte: Die pazifistische Komödie *Nie wieder Friede* wird fertig gestellt.

1936

Februar: Toller ist Mitbegründer des Komitees zur Schaffung einer Deutschen Volksfront, das scheitert.

März-April: Per Auto reist er mit seiner Frau durch Spanien und Portugal.

11. Juni: *No more Peace!* (*Nie wieder Friede*) wird im Gate Theatre London mit Christiane in der Hauptrolle uraufgeführt.

19. Juni: Toller hält die Eröffnungsansprache („Das Wort") auf dem Londoner Kongress des PEN-Clubs.

Oktober-Februar 37: Etwa 50 Auftritte während seiner Vortragsreise durch die USA und Kanada.

Anfang der Beschäftigung mit Filmdrehbüchern.

26. Dezember: *Blind Man's Buff*, eine Adaption von *Die blinde Göttin*, wird im Dubliner Abbey Theatre uraufgeführt.

1937

Februar: USA-Erstaufführung von *No more Peace!* am Vassar Experimental Theatre.

Einjahresvertrag mit der Filmgesellschaft Metro-Goldwyn-Mayer. Weitere Arbeit an Filmskripten in Santa Monica, Kalifornien.

Juni: Tollers Frau Christiane zieht zu ihm nach Kalifornien, erkrankt an Ruhr und Lungenentzündung.

Das Filmskript *Lola Montez* wird abgeschlossen.

August: Er erlebt eine tiefe, manisch-depressive Krise.

November: Er verbringt sechs Wochen in Mexiko.

Unter dem Titel *Look Through the Bars* erscheinen Tollers Gefängnisbriefe in den USA

1938

Toller engagiert sich bei der American Guild for German Cultural Freedom, die im Exil lebende Künstler und Wissenschaftler finanziell unterstützt.

Februar: Toller kommt wieder nach New York, ist wahrscheinlich in psychiatrischer Behandlung.

Sommer: Arbeit an der Märtyrertragödie *Pastor Hall*, dem letzten Theaterstück, und vergebliches Bemühen um Aufführungen in New York und London.

Juli: Die Ehe zerbricht an Tollers Krise und Christianes Labilität.

25. Juli: Auf dem Pariser Kongress des PEN hält Toller eine Ansprache.

Ende Juli/August: Er reist nach Barcelona und an die Front des spanischen Bürgerkrieges, spricht vor Angehörigen der Internationalen Brigade, fliegt ins belagerte Madrid.

26. August: Über Radio Madrid wendet er sich wegen des hungernden spanischen Volkes an US-Präsident Roosevelt.

September-Dezember: Für sein Projekt einer weltweiten Nahrungshilfe für Spanien spricht er bei Regierungen und Kirchen in Frankreich, England, skandinavischen Ländern und den USA vor.

1939

Tollers psychischer Zustand verschlechtert sich durch Schlaflosigkeit.

Ende März: Durch Francos Sieg in Spanien scheitert das Nahrungshilfe-Projekt.

Mai: Beim New Yorker PEN-Kongress hält er seine letzte Ansprache, wird mit Schriftstellerkollegen im Weißen Haus in Washington empfangen.

22. Mai: Toller erhängt sich in New York im Bad seines Hotel-Apartments.

27. Mai: Trauerfeier am Broadway in Manhattan mit 500 Besuchern.

Schwalbengedichte

Ein auffälliger und weit verbreiteter Vogel ist die Schwalbe, der die Nähe des Menschen nicht scheut. Also schwirren und zwitschern sie seit je auch in Gedichten herum. Hier blättern wir einige Seiten mit traditioneller deutschsprachiger Lyrik auf, die Aspekten von Tollers Schwalbenbuch motivisch nahe steht.

Ein Schwalben-Sommer

Zu Beginn stehen Verse von Stolberg und Busch, die wie Toller einen ganzen Schwalbensommer zum Inhalt haben. Bei Chamisso wird das Schwalbennest zu einem bürgerlichen Familienidyll stilisiert. Daran anschließend formuliert Goethe den bekannten Spruch „Eine Schwalbe macht noch keinen Sommer" zu drei Strophen aus.

Friedrich Leopold Graf zu Stolberg (1748-1821)
Das Schwalbenpaar

Ein Schwalbenpaar führte der Lenz mir herbei;
Sie bauten ihr Nest mir über die Tür.
Wie flogen sie her, wie flogen sie hin,
Zu holen den Lehm; wie schlugen sie oft
Mit dem Schnäbelchen an, zu verkitten das Nest!
Sie verkleibten gar wohl und spündeten zart
Ihr kleines Gemach und bezogen's mit Flaum;
Sie legte hinein vier Eier und trug
Den Jungen wohl früh, den Jungen wohl spät
Die Speise; nicht Ruhe sie hatte, nicht Rast.
Das helle Geschrei der hungernden Brut
Erweckte sie früh, erweckte sie spat;
Die Fliegen sind schnell, und die Ameisen schwer
Zu erspähn, und die Piependen fordern so viel!
Sie fastete selbst, um zu ätzen die Brut;
Die wuchs nun heran und verlangte noch mehr.

Da ermattete schier die Mutter und kam
Mit wankendem Flug, vermochte mit Müh'
Den Schnabel noch halb zu öffnen, und flog
Bald wieder auf Jagd, denn Liebe macht stark.
Sie härmte sich ab mit Kummer und Müh',
Sie sorgte mit Angst, in dem Neste sei Not,
Doch hatten vollauf die Jungen; da schlief
Ein jegliches satt, bis sie weckte der Flug
Der Mutter, dann schrie wie verschmachtend die Brut,
Doch waren sie satt und die wachsende Kraft
Trieb schwellende Kiel' aus dem gelblichten Flaum,
Den Kielen entwuchs der Fittiche Paar,
Der Schnabel ward hart und verschnappte schon oft
Die Fliege, so keck sich dem Neste genaht;
Nun flogen sie auf zum benachbarten Dach,
Von dem Dache zum Baum und vom Baume davon.
Die Mutter kam heim zum verödeten Nest,
Sie jammerte laut, sie lockte, sie flog
Vom Nestchen zum Baum und vom Baume zum Nest.
Sie flatterten hin, sie flatterten her;
Sie fastet den Tag, sie seufzet die Nacht.
Ach Schwälbchen, du hast vergessen, wie du
Die Mutter dereinst verließest, auch sie
Hat ängstlich geklagt, als die Jungen entflohn!

Wilhelm Busch (1832-1908)
Der Türmer

Der Türmer steht auf hohem Söller
Und raucht sein Pfeifchen echten Kneller,
Wobei der alte Invalid
Von oben her die Welt besieht.

Es kommt der Sommer allgemach.
Die Schwalben fliegen um das Dach,
Derweil schon manche stillbeglückt
Im Neste sitzt und fleißig drückt.
Zugleich tritt aus dem Gotteshaus
Ein neuvermähltes Paar heraus,
Das darf sich nun in allen Ehren
Getreulich lieben und vermehren. –

Der Sommer kam, und allenthalben
Schwebt ungezählt das Heer der Schwalben,
Die, wenn sie flink vorüberflitzen,
Des Türmers alten Hut beschmitzen.
Vom Platze unten tönt Juchhei,
Die Klosterschüler haben frei,
Sie necken, schrecken, jagen sich,
Sie schlagen und vertragen sich
Und grüßen keck mit Hohngelächter
Des Turmes hochgestellten Wächter. –

Der Sommer ging, die Schwalben setzen
Sich auf das Kirchendach und schwätzen.
Sie warten, bis der Abend da,
Dann flogen sie nach Afrika.
Doch unten, wo die Fackeln scheinen,
Begraben sie mal wieder einen
Und singen ihm nach frommer Weise
Ein Lebewohl zur letzten Reise.

Bedenklich schaut der Türmer drein.
Still geht er in sein Kämmerlein
Zu seinem großen Deckelkrug,
Und als die Glocke zehne schlug,
Nahm er das Horn mit frischem Mut
Und blies ein kräftiges Tuhuht.

Adelbert von Chamisso (1781-1838)

Mutter, Mutter! unsre Schwalben –
Sieh doch selber, Mutter, sieh!
Junge haben sie bekommen,
Und die Alten füttern sie.

Als die lieben kleinen Schwalben
Wundervoll ihr Nest gebaut,
Hab ich stundenlang am Fenster
Heimlich sinnend zugeschaut;

Und wie erst sie eingerichtet
Und bewohnt das kleine Haus,
Haben sie nach mir geschauet
Gar verständig klug hinaus.

Ja, es schien sie hätten gerne
Manches heimlich mir erzählt,
Und es habe sie betrübet,
Was zur Rede noch gefehlt.

Also hab ich, liebe Schwalben,
Unverdrossen euch belauscht,
Und ihr habt, mit euren Rätseln,
Wunderseltsam mich berauscht;

Jetzt erst, jetzt hat das Geheimnis,
Das ihr meintet, sich enthüllt,
Eure heimlich süße Hoffnung
Hat sich freudig euch erfüllt.

Sieh doch hin! die beiden Alten
Bringen ihnen Nahrung dar.
Gibt es Süßeres auf Erden,
Als ein solches Schwalbenpaar!

Johann Wolfgang von Goethe (1749-1832)
März

Es ist ein Schnee gefallen,
Denn es ist noch nicht Zeit,
Dass von den Blümlein allen,
Dass von den Blümlein allen
Wir werden hoch erfreut.

Der Sonnenblick betrüget
Mit mildem, falschem Schein,
Die Schwalbe selber lüget,
Die Schwalbe selber lüget,
Warum? Sie kommt allein!

Sollt ich mich einzeln freuen,
Wenn auch der Frühling nah?
Doch kommen wir zu zweien,
Doch kommen wir zu zweien,
Gleich ist der Sommer da.

Schwalben mit Tiefsinn

Hier sind lyrische Texte gesammelt, die Tollers Schwalbenbuch weniger motivisch als intellektuell nahe stehen. „Die erste Schwalbe" von Louise Otto hätte ihm sicher in ihrer Hinleitung zu einem revolutionären Impetus gefallen, bei Conrad Ferdinand Meyer fände er die positive Wirkung der Vögel auf einen Eingesperrten wieder. Bei Friedrich Rückert und Detlev von Liliencron sind sie eng mit dem Komplex Vergänglichkeit und Schicksal verknüpft. Friedrich Hebbel korrespondiert aufs Engste mit einer der zentralen Erkenntnisse des Schwalbenbuchs, dass nämlich alles Lebende töten muss. Arno Holz hingegen lässt sich von einem Schwalbennest wie Toller euphorisch inspirieren und Max Dauthendey denkt manches in die Vögel hinein, was Toller in seiner Zelle real erlebte.

Louise Otto (1819-1895)
Die erste Schwalbe

Die Lerche hat schon längst ihr Lied gesungen,
Gegrüßt den ersten warmen Sonnenstrahl,
Die Primeln sind beherzt hervorgedrungen
Und Blätterknospen folgen ohne Zahl.
Die neue Saat sprießt fröhlich schon hervor
Strebt aus der Erde Schoß zum Licht empor.

Ein Sänger nach dem andern kehret wieder,
Ein Blümchen nach dem andern kommt hervor,
Wir schauen auf die Dornen spähend nieder –
Da blaut und blüht ein ganzer Veilchenflor,
Und junges Grün ringsum das Aug' erquickt,
Das überall nach Lenzeszeichen blickt.

Nur eines fehlt und kluge Leute sprechen:
So lange wir noch keine Schwalbe sehn
Kann sich der Winter noch am Lenze rächen,
Kann alle seine Herrlichkeit verwehn
Durch Schnee und Sturm aus kaltem Ost und Nord –:
Die Schwalbe nur ist unsers Frühlings Hort.

Wir dürfen keinen Frühling je vertrauen
So lang' sich nicht die erste Schwalbe zeigt,
Noch nicht beginnt ihr trautes Nest zu bauen,
Noch nicht mit Zwitschern auf und niedersteigt,
Und fröhlich einzieht in den alten Kreis –
Sie erst bringt uns des Frühlings dauernd Reis.

Und also ist es auch im Völkerleben!
Schon manchmal ward ein hartes Joch gesprengt,
Schon manchmal hat es freie Flut gegeben
Und frisches Grün, das sich hervorgedrängt.

Schon manchmal schiens, als sei es Frühlingszeit –
Dann kam ein Sturm - und alles war verschneit!

Ein Warnungsruf! doch soll er uns nicht rauben
Das frohe Hoffen, dass es Frühling wird,
Den ewigen, den hohen Zukunftsglauben!
Er bleib in jedem Herzen unbeirrt.
Doch niemand sei in Sicherheit gewiegt,
So lange nicht zum Nest die Schwalbe fliegt.

So lange nicht zu uns aus schönem Süden
In jedes Haus ein Friedensbote kam –
So lange nicht am Herde, den wir hüten
Der Freiheit Lied ein jedes Ohr vernahm –
So lange nicht von allen Dächern reden
Nach kecker Schwalbenart die Volkspropheten!

Conrad Ferdinand Meyer (1825-1998)
Allerbarmen

An dem Bauerhaus vorüber
Schritt ich eilig, weil mir grauste,
Weil im dumpfen Hof ein trüber,
Brütender Kretine hauste.

Schaudernd warf ich einen halben
Blick in seinen feuchten Kerker –
Eben war die Zeit der Schwalben,
Wo sie baun an Dach und Erker.

Den Enterbten sah ich kauern,
Über seiner Lagerstätte
Blitzten Schwalben um die Mauern,
Nester bauend in die Wette.

Der erloschne Blick erfreute
Sich, in einem kleinen blauen
Raum das Werk der Schwalben heute,
Dieses kluge Werk zu schauen.

Blitzend kreiste das Geschwirre
An dem engen Horizonte,
Und das Lachen klang, das irre,
Drin sich doch der Himmel sonnte.

Friedrich Rückert (1788-1866)
Schwalbengruß

Die Schwalbe kam geflogen;
Kaum hatt' ich sie gesehn,
So ist sie weggezogen
In rauer Lüfte Weh'n.

Sie grüßte mich verstohlen,
Wie soll ich es verstehn?
Es klang wie »Gott befohlen«,
Nicht wie »auf Wiedersehn!«

Detlev von Liliencron (1844-1909)
Schwalbensiciliane

Zwei Mutterarme, die das Kindchen wiegen,
Es jagt die Schwalbe weglang auf und nieder.
Maitage, trautes Aneinanderschmiegen,
Es jagt die Schwalbe weglang auf und nieder.
Des Mannes Kampf: Sieg oder Unterliegen,

Es jagt die Schwalbe weglang auf und nieder.
Ein Sarg, auf den drei Handvoll Erde fliegen,
Es jagt die Schwalbe weglang auf und nieder.

Friedrich Hebbel (1813-1863)
Schwalbe und Fliege

An dem heitersten Morgen entstürzte die fröhlichste Schwalbe
Plötzlich dem Himmel und sank tot zu den Füßen mir hin.
Mittags, der längst Erstarrten den Schnabel öffnend, erspäht'
ich
Eine Fliege im Schlund, welche sie halb nur verschluckt.
Diese zappelte noch, ich zog sie hervor, und, die Flügel
Trocknend im Sonnenstrahl, schwirrte sie bald mir davon.

Arno Holz (1863-1929)

Ich möchte alle Geheimnisse wissen!
Alle Sterne, über die Meere rollen, schöpf ich mit meiner
Hand.
In meine Träume
drehn sich Welten,
und mich entzückt das kleinste Nest,
das im Sommer ein Schwalbenpaar
an meinem Giebel baut.
Das leiseste Zwitschern draus
rührt an mein Herz!

Max Dauthendey (1867-1918)
Die Schwalben schossen vorüber tief dir zu Füßen

Die Schwalben schossen vorüber tief dir zu Füßen,
Als sei ihr Flug ihr Zeichen tief dich zu grüßen.
Oft dünkten die Vögel am Himmel mich mehr klug
Wie mancher, den ich nach Wegen der Erde frug.
Schwalben, die früh bis spät in Freiheit schwammen,
Die halten sich in Liebe eng zusammen.
Sie bauen ihr Nest warm wie der Mensch sein Dach.
Sie fliegen von früh bis spät begeistert wach
Und eilen stets hurtig dem Weg ihres Herzens nach.

Schwalbensymbolik

Zu einer prägnanten symbolischen Besetzung hat es die Schwalbe nirgends gebracht, vergleicht man sie etwa mit Adler, Eule, Taube und Nachtigall, denen in Mythen, Religionen, Kunst- und Literaturgeschichte bis in die Alltagssprache Bedeutungen und Wertigkeiten zugewiesen sind.

In der deutschen Lyrik tritt sie öfter in Verbindung mit Belangen der Erotik und Liebe, wie dies auch bei Toller spürbar ist. Zu Beginn wird ihr von Ada Christen die Rolle eines Glückszeichens trauter Häuslichkeit zugeschrieben. Deutlicher wird der Bezug, wenn sie als Morgenvogel auftritt, etwa bei Max Dauthendey. Adolf Friedrich von Schack lässt sie gar anstelle der sonst in der europäischen Literaturgeschichte typischen Lerche mit ihrem Gesang das Ende der Liebesnacht einläuten. Von Schnabel bis Schwänzchen auf Liebe eingestellt haben die Schwalbe Felix Dahn, der ihr sein Herz nachfliegen lässt, und Achim von Armin, der sie als Liebesboten einspannt. Einen aparten Schluss liefert Hermann Löns, der den Liebesliedern der Nachtschwalbe Verse ablauscht.

Ada Christen (1839-1901)

Schau! über unserm Fenster
Da bauet rasch und fest
Ein schmuckes Schwalbenpärchen
Behutsam sich sein Nest.

Das ist ein gutes Zeichen!
Die bringen Glück und Freud,
Wenn auch die Ahne sagte:
„Das schwatzen dumme Leut."

Sie war stets eine kalte,
Bärbeißig-harte Frau,
Nur Unglückszeichen konnte
Sie deuten ganz genau.

Max Dauthendey (1867-1918)
Nur der Verliebte träumend lacht und nie erwacht

Der Morgenmond geht krumm und weiß
Nach einer Nacht, gealtert wie ein Greis,
Stumm ohne Schein ins Feld hinein.

Die Schwalben ziehen Schleifen um das Dach
Und eilen wie die Morgenboten wach.
Wie ein Geschoss reißt jede sich vom Giebel los.

Vom Nachtgespenst blieb nicht ein Schatten da,
Und jeder Baum steht neu im Morgen nah.
Nur der Verliebte träumend lacht und nie erwacht.

Adolf Friedrich von Schack (1815-1894)
Mainacht

An deiner Seite so gerne
Durchträum' ich die Frühlingsnacht;
Treu halten die heiligen Sterne
Vor deinem Fenster die Wacht,
Indes wir in Armen uns hangen,
In Seele die Seele versinkt
Und Mund von Mund in langen
Zügen den Atem trinkt.

Aus Wipfeln, drin Vögel brüten,
Wirft sanft der duftende Mai
Seine Knospen und Blüten
Herab auf uns selige zwei,
Und durch die Fensterbogen
Nachtwandelnd weht der Wind
Deine Locken in Wogen
Über mein Haupt gelind.

Wir zittern, wir erblassen
Vor Liebe, und jedem quillt
Im wonnetränennassen
Auge des andern Bild.
Ach! steigt schon im Osten der rote
Schimmer des Morgens empor?
Nein, durch den Himmel lohte
Ein nächtliches Meteor.

Tausend Geheimnisse müssen
Wir noch einander vertraun,
Und tausend Küsse noch küssen,
Eh' der Morgen beginnt zu graun.
Was scheuchst du mit deinem Gesange,
O Schwalbe, so frühe die Nacht?

Schweig, schweig! Und haltet noch lange,
Ihr heiligen Sterne, die Wacht!

Felix Dahn (1834-1912)
Die Schwalbe

Siehst du schweben die Schwalbe dort,
Herz, hoch oben im Ätherblau?
So hoch kannst du dich schwingen auch: –
Herz, entfalte die Flügel!

Achim von Arnim (1781-1831)
Verabredung zum Ball

Es lag der Schnee so drückend,
Dass meine Laube brach,
Der Frühling kam entzückend,
Macht ihr ein buntes Dach;
Es wird mir alles noch werden.

Die Schwalbe kam geflogen
Und flog in meine Hand,
O sprich, wer mir gewogen,
Wer dich mir zugesandt;
Es wird mir alles noch werden.

Und darfst du es nicht sagen,
Ich lass dich dennoch frei,
Du magst der Jungfrau klagen,
Dass ich nicht bei ihr sei;
Es wird mir alles noch werden.

Und sag' ihr, wie ich pflanze
Und wie die Saat hier grünt,
Und dass ich wohl zum Tanze
Mir ihre Hand verdient;
Es wird mir alles noch werden.

Und bring' die Blumen alle
Zu ihrer freien Wahl,
Und wenn ich ihr gefalle,
So trägt sie die im Saal;
Es wird mir alles noch werden.

Und trägt sie die am Herzen,
So soll's ein Zeichen sein,
Dass ich nach Tanz und Scherzen
Zu ihr darf gehen ein;
Es wird mir alles noch werden.

Die Bienlein summen Lehren
Und warnen uns davor,
Ich schwör's, du bleibst bei Ehren,
Ich bin ein frommer Tor;
Es wird mir alles doch werden.

Hermann Löns (1866-1914)
Die Tannendickungen düstern ...

Die Tannendickungen düstern
Im Mondschein schwarz und schwer,
Im Gaukelflug kommt darüber
Schwebend die Nachtschwalbe her.

Auf und nieder tanzend
Sie ihr Weibchen umzieht,

Girrend ertönt ihr goldenes
Jauchzendes Liebeslied.

Liebe, irdische Liebe,
Auch den Vogel der Nacht,
Den düsteren Vogel des Schattens,
Hast du zum Sänger gemacht.

Abschied und Wiederkehr

Neben erotischen Verbindungen sind allerdings auch den Lyri-
kern vor allem das Zugverhalten und die Ortstreue der
Schwalbe aufgefallen. Während Dauthendey dies noch in Ver-
bindung mit einer gescheiterten Beziehung wahrnimmt, liefert
die romantische Volkslied-Sammlung *Des Knaben Wunderhorn*
schier ein Muster für die Jahreszeitenfolge mit Schwalben, ähn-
lich auch ein Kinderlied von Hoffmann von Fallersleben. Für
Louise Otto und Gustav Sack sind die in wärmere Länder ge-
zogenen Schwalben Protagonisten der Herbstwehmut. Wilhelm
Müller begrüßt sie schließlich wieder als Glücksboten, während
er um Wanderlust und Wanderharm sinnt.

Max Dauthendey (1867-1918)

Unsere Augen so leer,
Unsere Küsse so welk,
Wir weinen und schweigen,
Unsere Herzen schlagen nicht mehr.

Die Schwalben sammeln sich draußen am Meer,
Die Schwalben scheiden,
Sie kommen wieder,
Aber nie mehr uns beiden.

*Des Knaben Wunderhorn, hrsg. von Achim von Arnim
und Clemens Brentano, 1806-09*
Die Schwalben

Es fliegen zwei Schwalben ins Nachbar sein Haus,
Sie fliegen bald hoch und bald nieder;
Aufs Jahr, da kommen sie wieder,
Und suchen ihr voriges Haus.

Sie gehen jetzt fort ins neue Land,
Und ziehen jetzt eilig hinüber;
Doch kommen sie wieder herüber,
Das ist einem jeden bekannt.

Und kommen sie wieder zu uns zurück,
Der Baur geht ihnen entgegen;
Sie bringen ihm vielmal den Segen,
Sie bringen ihm Wohlstand und Glück.

August Heinrich Hoffmann von Fallersleben (1798-1874)
Der Schwalben Abschied

O sieh, wie allenthalben
Sich sammeln unsre Schwalben!
Sie haben sich auf den dürren Ast
In unserm Apfelbaum gesetzt
Und halten noch eine kurze Rast
Und zwitschern ein Lied zu guter Letzt:
Fort, fort, fort, ich ziehe fort.
Zirrrrrr!

An einen andern Ort,
Den Sommer, den ich machte,
Das gute Wetter, das ich brachte,

Nehm' ich mit, nehm' ich mit.
Zirrrrrr!

Gott bewahre dich, wirtlich Haus,
Und was gehet ein und aus.
Zirrrrrr!

Wir kehren wieder und bringen zurück
Euch neue Lieder und neues Glück.
Zirr, zirr, zirrrrrr!

Louise Otto (1819-1895)
Die Schwalben

Einstmals die Schwalben kamen
Mit fröhlichem Gesang,
Jetzt ziehen fort sie wieder
Und schweigen alle bang.

Das ist ein gutes Zeichen:
Sie brachten Lieder her,
Die bleiben uns zurücke,
Drum singen sie nicht mehr.

Wir aber können singen
Nun auch bei Eis und Schnee –
Die Schwalben stille ziehen
Habt Dank! - Ade! Ade!

Gustav Sack (1885-1916)
Herbst

Die Schwalben sammeln lärmend ihre Züge
und stieben von den Telegraphendrähten,
als ob der Herbst mit Daunenkissen schlüge
und wirbelnd aus den aufgeplatzten Nähten
die weiße Wolle in den Himmel würfe.

Dann fliegen sie in ferne Palmenländer –
und eine Krankheit wird die Welt befallen,
bis über ihre purpurnen Gewänder
die hohlen Winde aufeinander prallen
und lange Nächte durch unsinnig wüten.

Und hangend wie in ungeheuren Schächten,
wirst du mit weiten Augen lauschend liegen
in diesen lauten windewilden Nächten;
kein Arm wird sich um deine Schulter schmiegen,
und dir wird sein, als ob dein Herz zerfiele.

Wilhelm Müller (1794-1827)
Heimkehr

Vor der Türe meiner Lieben
Häng' ich auf den Wanderstab,
Was mich durch die Welt getrieben,
Leg' ich ihr zu Füßen ab.

Wanderlustige Gedanken,
Die ihr flattert nah und fern,
Fügt euch in die engen Schranken
Ihrer treuen Arme gern!

Was uns in der weiten Ferne
Suchen hieß ein eitler Traum,
Zeigen uns der Liebe Sterne
In dem traulich kleinen Raum.

Schwalben kommen hergezogen –
Setzt euch, Böglein, auf mein Dach!
Habt euch müde schon geflogen,
Und noch ist die Welt nicht wach.

Baut in meinen Fensterräumen
Eure Häuschen weich und warm!
Singt mir zu in Morgenträumen
Wanderlust und Wanderharm!

Anmerkungen und Quellen

Anmerkungen zu *Das Schwalbenbuch*

1 Ernst Toller greift den Todesfall des Mitgefangenen Hagemeister auf, der sich im Januar zwischen dem Schwalbensommer und der Niederschrift des Schwalbenbuchs zutrug. Dem Gefangenen war ärztliche Hilfe verwehrt worden, weil er als Simulant eingestuft wurde. (Ausführlich in: „Der Weg zum Schwalbenbuch", Text Nr. 12).

Die Anspielung auf diesen Vorfall war einer der Gründe, warum die Gefängnisleitung versuchte, die Veröffentlichung des Schwalbenbuchs zu verhindern (siehe „Der Epilog").

2 Erinnert an die erste Strophe des 1907 erschienenen, berühmten Rilke-Gedichts „Der Panther":

Sein Blick ist vom Vorübergehn der Stäbe
so müd geworden, dass er nichts mehr hält.
Ihm ist, als ob es tausend Stäbe gäbe
und hinter tausend Stäben keine Welt.

3 Harlekinade meint hier Possenreißerei und Clownstreiben. Die Figur des Harlekins (ital. kleiner Teufel) war bis ins 18. Jahrhundert eine Dienerfigur in der italienischen Commedia dell'arte, ist mit Hörnerkappe, schwarzer Halbmaske und buntem, rautengemustertem Flickengewand besonders im Karneval präsent.

4 Regina Noctis bedeutet „Königin der Nacht" und wurde in der antiken Dichtung auf die Mondgöttin Luna angewandt.

5 Zu Tollers Zeit war der Senegal lediglich ein Strom in Nordwestafrika und noch kein nachkolonialer Staat nach ihm benannt.

6 Archipelagos oder kürzer Archipel bezeichnet allgemein eine Inselgruppe, insbesondere jedoch die Inseln im ägäischen Meer. Über diese hat der vier Zeilen später genannte Friedrich Hölderlin das große Hexameter-Gedicht „Der Archipelagos" verfasst.

7 Friedrich Hölderlin (1770, Lauffen/Neckar - 1843, Tübingen) ist einer der herausragenden Lyriker deutscher Sprache. Toller mag hierbei an die folgende Stelle aus dem fragmentarischen Hymnus „An den Frühling" gedacht haben:

Der du Herzen verjüngst, und Fluren, heiliger Frühling,
Heil dir! Erstgeborner der Zeit! erquickender Frühling,
Erstgeborner im Schoße der Zeit! Gewaltiger! Heil dir,
Heil! die Fessel zerriss […].

8 In Hölderlins Gedicht „Die Wanderung" heißt es:

Denn sagen hört ich
Noch heut in den Lüften:
Frei sei'n, wie Schwalben, die Dichter.

9 In einem seiner *Briefe aus dem Gefängnis* zitiert Toller das Buch *Dao De Djing* von Lao Dse. Da die bekannteste Übersetzung seiner Zeit von Richard Wilhelm stammte, der Dao mit Sinn übersetzte, könnte das Wort Sinn hier in einer weiten metaphysischen Bedeutung gemeint sein. Die im Toller-Brief zitierte Übersetzung ist jedoch nicht von Richard Wilhelm, so dass der Zusammenhang spekulativ bleibt.

10 Toller war zu fünf Jahren Festungshaft verurteilt worden, eigentlich eine Form der Ehrenhaft, die dem Inhaftierten viele Freiheiten ließ. Allerdings galten in Bayern diese Freiheiten nur für verurteilte Rechtsaußen wie z.B. Adolf Hitler. Linke Revolutionäre mussten wesentliche Einschränkungen und Bevormundungen hinnehmen.

11 In seiner Autobiographie *Eine Jugend in Deutschland* schreibt Toller dazu:

„Vögel bauen nur dann in überdachten Räumen, wenn das Fenster nach Osten sich wendet."

12 Toller schreibt in einem der *Briefe aus dem Gefängnis* über seine Mutter:

„Meine Mutter sorgt sich um mich. Es ist merkwürdig. Meinem Leben stand sie fremd gegenüber. Dass sie meine Ideen nicht teilte, tat mir weh. Ich glaube, ich ließ sie es fühlen. Nun merke ich, wie unwesentlich für sie jener Weg ist, den sie nicht begreift. Sie liebt mich."

13 Das Adjektiv seraphisch bezieht sich auf Seraphim oder Seraph, eine Engelsform des Alten Testaments mit drei Flügelpaaren, die an der Spitze der anbetenden Engels-Chöre stand.

14 Der Äroplan (Plural Äroplane) ist ein bis in die zwanziger Jahre des 20. Jahrhunderts gebräuchliches Wort, das von dem Ausdruck „Flugzeug" verdrängt wurde.

15 Trinität bezeichnet im Christentum die Dreieinigkeit der Personen Vater, Sohn und Heiliger Geist innerhalb des einen Gottes.

16 Sela ist ein Tonzeichen in den Psalmen des Alten Testamentes. Es bezeichnet einen Ruhepunkt innerhalb des Gesanges oder das Ende einer Strophe. Toller unterstreicht damit emphatisch die Bedeutsamkeit seiner Aussage.

17 Renegat bezeichnet einen Abtrünnigen (von Weltanschauungen oder Religionen) und Widerstandskämpfer.

18 Neger war zu Tollers Zeit die übliche Bezeichnung für Schwarze. Die Verniedlichung ist der Ansprache der „Schwälbchen" geschuldet.

In einem der *Briefe aus dem Gefängnis* schreibt er: „Was wissen wir von den Negern in Afrika? Von den großen, sozialen Kämpfen der Neger in Amerika? Wer würde es für möglich halten, dass in den Südstaaten von Nord-Amerika trotz freier Verfassung die große Masse der Farbigen vom Wahlrecht ausgeschlossen ist?"

19 Gemeint sind die Sommer bis zur Entlassung aus dem Gefängnis.

20 Der Thron des siebenten Tages bezieht sich auf die biblische Schöpfungsgeschichte. Den siebenten Tag segnete und heiligte der Schöpfer, um sich von seinem Werk auszuruhen.

21 Das Jahr 1923, in dem das Buch entstand, war durch heftige politische Konflikte geprägt. Stichworte: Frankreichs Ruhrbesetzung, passiver Widerstand (Ruhrkampf), Hyperinflation, separatistische Tendenzen einiger Länder, Absetzung von Landesregierungen mit KPD-Beteiligung durch das Reich, Ausnahmezustand für ganz Deutschland und schließlich der Hitler-Putsch im November.

Toller musste diese Ereignisse tatenlos mit ansehen und konnte sie nur gefiltert oder durch die Gerüchteküche verfolgen, da die Gefängnisleitung den Zeitungszugang zensierte.

Quellen zu „Der Weg zum Schwalbenbuch"

1-6: Ernst Toller: Eine Jugend in Deutschland (Gesammelte Werke 4, herausgegeben von John M. Spalek, Wolfgang Frühwald). München: Carl Hanser Verlag 1978,

S. 53, S. 64f, S. 69, S. 66, S. 69f und S. 215

Text Nr. 6 stammt aus einem Abschnitt, in dem es um die Schikanierung und willkürliche Behandlung der Gefängnisinsassen geht. Er fasst jedoch die aus der Kriegserfahrung resultierende Haltung Tollers so passend zusammen, als ob er dafür geschrieben worden wäre und wurde deshalb an dieser Stelle platziert.

7: Aus einem Brief an Gustav Landauer, zitiert nach: Ernst Toller: Kritische Schriften, Reden und Reportagen (Gesammelte Werke 1, herausgegeben von John M. Spalek, Wolfgang Frühwald). München: Carl Hanser Verlag 1978, S. 35f

8: Schilderung des Dramatikers Günther Weisenborn, zitiert nach: Richard Dove: Ernst Toller. Ein Leben in Deutschland, Göttingen: Steidl Verlag 1993, S. 168. Diese Charakterisierung als Redner anlässlich Tollers Rede vom 03.08.1924 in Leipzig findet sich ähnlich bezogen auf Reden vor seiner Haft. Sie wurde wegen ihrer besonderen Dramatik verwendet, auch wenn sie chronologisch erst nach dem Schwalbenbuch einzuordnen ist.

9: Aus Tollers Schlusswort beim Standgericht, zitiert nach: Ernst Toller: Kritische Schriften, Reden und Reportagen (Gesammelte Werke 1, herausgegeben von John M. Spalek, Wolfgang Frühwald). München: Carl Hanser Verlag 1978, S. 49ff

10: Ernst Toller: Eine Jugend in Deutschland (Gesammelte Werke 4, herausgegeben von John M. Spalek, Wolfgang Frühwald). München: Carl Hanser Verlag 1978, S. 178

11: Aus einem Brief an Netty Katzenstein (Tessa) vom 9.10.1920, Ernst Toller: Briefe aus dem Gefängnis (Gesammelte Werke 5, herausgegeben von John M. Spalek, Wolfgang Frühwald). München: Carl Hanser Verlag 1978, S. 53

12: Ernst Toller: Eine Jugend in Deutschland (Gesammelte Werke 4, herausgegeben von John M. Spalek, Wolfgang Frühwald). München: Carl Hanser Verlag 1978, S. 228f

13-18: Aus Briefen an Netty Katzenstein, Ernst Toller: Briefe aus dem Gefängnis (Gesammelte Werke 5, herausgegeben von John M. Spalek, Wolfgang Frühwald). München: Carl Hanser Verlag 1978

S. 55f (18.12.1920), S. 115 (10.09.1922), S. 22f (1920), S. 65f (18.05.1921), S. 174f (24.01.1924), S. 143f (14.03.1923)

Das Gedichtzitat in Text Nr. 13 ist aus Friedrich Hölderlins „Hälfte des Lebens".

Der Brief in Text Nr. 17 ist zwar erst nach Entstehung des Schwalbenbuchs geschrieben worden, zeigt aber Toller als Menschen, der allen Lebewesen zugetan ist, was seine Bereitschaft erklärt, den Schwalben Obdach zu gewähren.

19: Aus einem Brief an einen jungen Arbeiter vom 25.06.1923, Ernst Toller: Briefe aus dem Gefängnis (Gesammelte Werke 5, herausgegeben von John M. Spalek, Wolfgang Frühwald). München: Carl Hanser Verlag 1978, S. 155

20: Ernst Toller: Zur Physiologie des dichterischen Schaffens, in: Die literarische Welt, 18.09.1928, S. 204, zitiert nach: Richard Dove: Ernst Toller. Ein Leben in Deutschland, Göttingen: Steidl Verlag 1993, S. 184. Die Beschreibung der Arbeitsweise als Autor ist das letzte Stück, das chronologisch nicht für den Weg zum Schwalbenbuch passt. Es bezieht sich jedoch klar auf vergangene Stücke und sollte daher für das Schwalbenbuch aussagekräftig sein.

21: Aus einem Brief an Netty Katzenstein vom 29.07.1923, Ernst Toller: Briefe aus dem Gefängnis (Gesammelte Werke 5, herausgegeben von John M. Spalek, Wolfgang Frühwald). München: Carl Hanser Verlag 1978, S. 160

22: Aus einem undatierten Brief an Romain Rolland, Ernst Toller: Briefe aus dem Gefängnis (Gesammelte Werke 5, herausgegeben von John M. Spalek, Wolfgang Frühwald). München: Carl Hanser Verlag 1978, S. 160

Quellen zu „Ernst Toller 1893 – 1939"

Diese Chronologie wurde vor allem mit Hilfe der folgenden drei Bücher zusammengestellt:

Ernst Toller: Eine Jugend in Deutschland. Reinbek bei Hamburg: Rowohlt Verlag 1963/1998.

Wolfgang Rothe: Ernst Toller. Reinbek bei Hamburg: Rowohlt-Monographien 1963/1998.

Richard Dove: Ernst Toller. Göttingen 1993. (Die englische Originalausgabe erschien 1990 in London mit dem Titel: He was a German.)

Besonders bezüglich Tollers Kindheit gibt es Lücken in der Biographie. Die Angaben und Daten dieser Quellen sind nicht immer frei von Widersprüchen, ausschlaggebend war die Plausibilität.

Die Herausgeber

Kraus, Hans-Peter (*1965): Geboren in Herne. Nach einem Volkswirtschaftslehrestudium in Münster lebt er seit 1996 in Essen, ab 2004 als selbständiger Webdesigner. Hat bisher Gedichte, Kurzgeschichten und einen Roman veröffentlicht.

Website: www.lyrikmond.de
Buch: *Freund Hain – Die einzig wahre Geschichte seiner Freundschaft mit dem Dichter Matthias Claudius. Erzählt von ihm selbst.*

Schmitt, Werner (*1964): Bei Pirmasens/Pfalz aufgewachsen, studierte er in Trier Germanistik und Philosophie und blieb dort wohnhaft. Nach schriftstellernden Jahren ist er vorwiegend als Publizist, Texter und Literaturwissenschaftler (Schwerpunkt Georg Trakl) tätig, verhilft also bedeutenderen Kollegen ins Web und aufs Blatt.

Website: www.literaturnische.de

Gemeinsame Projekte:

www.gedichte-fuer-alle-faelle.de
www.lyrik-lesezeichen.de
Buch: *Den Mond wollt' ich dir schenken*